乡村振兴
RURAL REVITALIZATION

农业农村政策与法规

◎孙进杰 吴伟民 董忠义 主编

中国农业科学技术出版社

图书在版编目(CIP)数据

农业农村政策与法规 / 孙进杰，吴伟民，董忠义主编 . --北京：中国农业科学技术出版社，2023. 7

ISBN 978-7-5116-6343-6

Ⅰ. ①农… Ⅱ. ①孙…②吴…③董… Ⅲ. ①农业政策-中国②农业法-中国 Ⅳ. ①F320②D922. 4

中国国家版本馆 CIP 数据核字(2023)第 121012 号

责任编辑 施睿佳 姚 欢
责任校对 王 彦
责任印制 姜义伟 王思文

出 版 者 中国农业科学技术出版社
北京市中关村南大街 12 号 邮编：100081
电 话 (010) 82106631 (编辑室) (010) 82109702 (发行部)
(010) 82109709 (读者服务部)
网 址 https://castp.caas.cn
经 销 者 各地新华书店
印 刷 者 中煤(北京)印务有限公司
开 本 140 mm×203 mm 1/32
印 张 5. 375
字 数 140 千字
版 次 2023 年 7 月第 1 版 2023 年 7 月第 1 次印刷
定 价 35. 00 元

《农业农村政策与法规》

编 委 会

前　　言

农业农村农民问题是关系国计民生的根本性问题。推进农业农村现代化是全面建设社会主义现代化国家的重大任务，是解决发展不平衡不充分问题的重要举措，是推动农业农村高质量发展的必然选择。近年来，党中央紧密把握时代发展脉搏，不断深化对“三农”问题的认识，与时俱进地完善农业农村法律法规体系，持续加大强农惠农支持力度，为全面推进乡村振兴、加快农业农村现代化提供了有力保障。

为帮助广大农民朋友学习、掌握农业农村相关政策和法规，本书依据最新的、最权威的政策法律文件，从农村土地管理，农业生产资料管理，产品质量安全，自然资源和环境保护，农村财政、金融与税收，农村科技与创新创业，农村社会保障，农民权益保护，乡村振兴政策等方面，介绍了农民朋友生产生活实际中最可能遇到的政策法规。本书内容全面、语言简单，具有较强的学习性、实用性和指导性，非常适合向广大农民朋友普及政策知识。

由于农业农村政策法规涉及面广、更新快，书中难免存在不妥之处，欢迎广大读者提出意见与建议，以便不断完善。

编　者

2023 年 5 月

目　录

第一章　农村土地管理

第一节　农村土地承包经营制度

一、农村土地的确定

2018 年修正的《中华人民共和国农村土地承包法》（以下简称《农村土地承包法》）第二条规定，农村土地是指农民集体所有和国家所有依法由农民集体使用的耕地、林地、草地，以及其他依法用于农业的土地。

农民集体所有的土地一般是指所有权归集体的全部土地，其中主要有农业用地、农村建设用地等。其他依法用于农业的土地有养殖水面等。养殖水面主要是指用于养殖水产品的水面，属于农村土地不可分割的一部分，也可用于农业生产，所以也包括在本条所称的农村土地的范围之中。此外，荒山、荒丘、荒沟、荒滩等“四荒地”依法用于农业的，也属于本条所称的农村土地。用于农业的土地中数量最多、涉及面最广，与每一个农民利益关联最密切的是耕地、林地和草地，这些农村土地，多采用人人有份的家庭承包方式承包，集体经济组织成员都有承包的权利，因此，《农村土地承包法》把耕地、林地和草地突出表述。其他农村土地如“四荒地”、养殖水面等包含在本条规定的“其他依法用于农业的土地”之中。

总的来说，由农民集体所有的耕地、林地、草地及养殖水面、“四荒地”等其他农业土地，以及国家所有但是由农民集体使用的耕地、林地、草地及养殖水面、“四荒地”等其他农业土地，都属于《农村土地承包法》所称的农村土地，都要遵守《农村土地承包法》的规定。

二、家庭承包方式

《农村土地承包法》第三条规定，国家实行农村土地承包经营制度。农村土地承包采取农村集体经济组织内部的家庭承包方式，不宜采取家庭承包方式的荒山、荒沟、荒丘、荒滩等农村土地，可以采取招标、拍卖、公开协商等方式承包。

家庭承包是指以农村集体经济组织的每一个农户家庭全体成员为一个生产经营单位，作为承包人承包农民集体的耕地、林地、草地等农业用地，对于承包地按照本集体经济组织成员人人平等地享有一份的方式进行承包。家庭承包的主要特点如下。

一是集体经济组织的每个人，不论男女老少，都平均享有承包本农民集体的土地的权利，除非他自己放弃这个权利。也就是说，这些农村土地对本集体经济组织的成员来说，是人人有份的，任何组织和个人都无权剥夺他人的承包权。

二是以户为生产经营单位承包，也就是以一个农户家庭的全体成员作为承包方，与本集体经济组织或者村委会订立一份承包合同，享有合同中约定的权利，承担合同中约定的义务。承包户家庭中的成员死亡的，只要这个承包户还有其他人在，承包关系仍不变，由这个承包户中的其他成员继续承包。

三是承包的农村土地对每一个集体经济组织的成员来说是人人有份的。这主要是指耕地、林地和草地，但不限于耕地、林地、草地，凡是本集体经济组织的成员应当人人有份的农村土地，都应当实行家庭承包的方式。

三、家庭承包与其他方式承包的区别

我国法律规定的家庭承包是集体经济组织内部人人有份的承包。其他方式的承包是指集体经济组织按照效率优先、兼顾公平的原则，通过招标、拍卖、公开协商等方式，将“四荒地”、养殖水面等承包给本集体经济组织成员或本集体经济组织以外的单位和个人。其他方式的承包主要有4个特点：一是既可以以联户、专业队、个人为单位进行承包，也可以以家庭为单位进行承包；二是承包方不限于集体经济组织内部的农户和个人；三是承包的方法是通过招标、拍卖、公开协商等方式，由最有经营能力(即出价最高或者经营条件最适宜）的人承包；四是承包的土地主要是“四荒地”以及果园、茶园、桑园、养殖水面等不太适宜按照家庭承包方式进行承包的土地。

家庭承包和其他方式的承包有以下5点区别。

一是承包方不同。家庭承包的承包方只能是本集体经济组织内部的农户。而以其他方式承包的承包方，既可以是本集体经济组织内部的农户，也可以是经过本集体经济组织大部分成员同意的外部企事业单位和个人。

二是承包的对象不同。家庭承包的对象主要是耕地、林地和草地。其他方式承包的对象，主要是不适宜实行家庭承包的土地，包括“四荒地”以及果园、蚕场、养殖水面及其他零星土地。

三是承包的原则不同。家庭承包的基本原则是公平，本集体经济组织成员人人有份。其他方式的承包不是人人有份的平均承包，承包的原则是效率优先、兼顾公平。

四是确定当事人权利义务的方式不同。家庭承包确定双方的

权利义务必须遵守法律的具体规定，双方当事人可协商的空间并不是很大。其他方式的承包比起家庭承包更灵活多样，双方当事人可以按照法律规定的方式，通过平等协商达成一致，确定双方的权利义务。

五是权利的保护方式不同。对通过家庭承包取得的土地承包经营权，按照物权方式予以保护。对通过其他方式的承包取得的土地承包经营权，则按照债权方式予以保护。

四、农村土地的“三权分置”制度

农村土地“三权分置”制度是指农村的土地集体所有权、农户的承包权、土地的经营权分置并行。农民集体对承包地依法享有土地所有权、承包农户对承包地依法享有土地承包经营权、经营权人对承包地依法享有土地经营权。

改革开放之初，实行家庭联产承包责任制，所有权归集体，承包经营权归农户，称之为“两权分离”。现在将土地承包经营权再分为承包权和经营权，形成所有权、承包权、经营权“三权分置”格局。“三权分置”是继家庭联产承包责任制后农村改革又一重大制度创新，是农村基本经营制度的自我完善，也符合生产关系适应生产力发展的客观规律。

为落实农村土地所有权、承包权、经营权“三权分置”，《农村土地承包法》规定，承包方承包土地后，享有土地承包经营权，可以自己经营，也可以保留土地承包权，流转其承包地的土地经营权，由他人经营。国家保护承包方依法、自愿、有偿流转土地经营权，保护土地经营权人的合法权益，任何组织和个人不得侵犯。土地经营权人有权在合同约定的期限内占有农村土地，自主开展农业生产经营并取得收益。

“三权分置”有利于土地产权的明晰，维护农民集体、承包户和经营主体的权益，有利于促进土地资源合理利用，构建新型农业经营体系，发展多种形式适度规模经营，提高土地产出率、劳动生产率和资源利用率，推动现代农业发展。

五、土地经营权的具体规定

我国在立法层面首次明确了土地经营权的概念，并清晰地表达了农村土地承包人既可以自己经营，也可以流转其承包地的土地经营权，由他人经营土地的制度设计理念。《农村土地承包法》对土地经营权的具体规定有以下几点。

（1）关于土地经营权与土地承包权的分离。《农村土地承包法》第九条规定，承包方承包土地后，享有土地承包经营权，可以自己经营，也可以保留土地承包权，流转其承包地的土地经营权，由他人经营。

（2）关于流转土地经营权的方式。《农村土地承包法》第三十六条规定，承包方可以自主决定依法采取出租（转包）、入股或者其他方式向他人流转土地经营权，并向发包方备案。《农村土地承包法》第三十八条规定，土地经营权流转应当依法、自愿、有偿，任何组织和个人不得强迫或者阻碍土地经营权流转；不得改变土地所有权的性质和土地的农业用途，不得破坏农业综合生产能力和农业生态环境；流转期限不得超过承包期的剩余期限；受让方须有农业经营能力或者资质；在同等条件下，本集体经济组织成员享有优先权。《农村土地承包法》第四十条规定，土地经营权流转，当事人双方应当签订书面流转合同。承包方将土地交由他人代耕不超过一年的，可以不签订书面合同。

（3）关于土地经营权的登记。《农村土地承包法》第四十一条规定，土地经营权流转期限为五年以上的，当事人可以向登记机构申请土地经营权登记。未经登记，不得对抗善意第三人。

（4）关于土地经营权的融资担保。《农村土地承包法》第四十七条规定，承包方可以用承包地的土地经营权向金融机构融资担保，并向发包方备案。受让方通过流转取得的土地经营权，经承包方书面同意并向发包方备案，可以向金融机构融资担保。担保物权自融资担保合同生效时设立。当事人可以向登记机构申请登记；未经登记，不得对抗善意第三人。实现担保物权时，担保物权人有权就土地经营权优先受偿。

第二节　农村土地承包合同

一、农村土地承包合同的定义

2023年颁布的《农村土地承包合同管理办法》第三条规定，农村土地承包经营应当依法签订承包合同。

农村土地承包合同是指农村集体经济组织作为发包方，与承包方之间就集体经济组织享有所有权或使用权的土地、山岭、荒地、滩涂等自然资源签订的承包经营合同。

按照承包土地种类的不同，农村土地承包合同可以区分为耕地承包合同、草地承包合同、林地承包合同。这种分类的意义在于，不同种类的土地，法定的承包期限长短不一。对不同性质土地的投资，收益的周期差别也比较大。按照《农村土地承包法》第二十一条的规定，耕地的承包期为三十年。草地的承包期为三十年至五十年。林地的承包期为三十年至七十年。前款规定的耕地承包期届满后再延长三十年，草地、林地承包期届满后依照前款规定相应延长。

签订农村土地承包合同需要注意以下事项：①承包方代表姓名要与身份证上的一致；②承包土地人口为农户现有人口；③土

地承包经营权共有人与承包方代表关系要明确说明；④承包期限起始日期为签订合同的现时日期；⑤承包方签章应由承包方加盖私章或者签名并按手印确认；⑥承包土地地块情况的长、宽可以不填，但是地块面积一定要填，地块“田界”必须准确具体，台账登记不准确具体的应根据实际情况作出修订；⑦地块地类只分为水田、旱地两类；⑧承包地附着物情况不能漏填、错填，并且需要根据实际情况填写。

二、农村土地承包合同的特征

农村土地承包合同属于民事合同，它具有以下法律特征。

(1) 主体的特定性。农村土地承包合同的发包人只能是农村集体经济组织，包括村内各农村集体经济组织、村民小组、村经济组织、村民委员会或者乡（镇）农村集体经济组织等。

(2) 客体的特殊性。农村土地承包合同的客体是集体所有或国家所有依法由集体使用的农村土地的使用权。《农村土地承包法》第二条规定的农民集体所有和国家所有依法由农民集体使用的耕地、林地、草地，以及其他依法用于农业的土地是农村土地使用权的载体。

(3) 期限的长期性。农村土地承包合同的客体为农村土地的使用权，而土地的生产、开发周期都很长，故农村土地承包合同的期限一般也较长。

(4) 承包人依法取得的承包经营权受法律保护。《农村土地承包法》对承包地的取得、交回、调整、补偿、合同权利义务等内容作了专门规定，不能因合同等其他因素的改变而改变。

(5) 形式的特定性。《农村土地承包法》和《农村土地承包合同管理办法》都明确规定发包方应当与承包方签订书面合同，因此，与其他民事合同形式上的多样性不同，农村土地承包合同在形式上具有特定性。

三、农村土地承包合同的订立

农村土地承包合同的订立需要有具体的合同条款。双方的权利和义务，除了法律规定的以外，主要由合同条款加以确定。合同条款是否齐备、准确，决定了合同能否成立、生效以及能否顺利履行。主要条款的规定只具有提示性与示范性，提倡当事人尽量对合同的这些条款作出明确的约定，以免日后产生纠纷。但并不是指当事人签订的合同中缺少了其中任何一项都会导致合同的不成立或者无效。因此，相关法律规定在行文上用的是“一般包括”的提法。当事人可以根据合同的性质和其他情况，自愿确定合同的内容，即可以不限于这些条款。《中华人民共和国民法典》(以下简称《民法典》)规定，合同的内容由当事人约定，一般包括下列条款：当事人的姓名或者名称和住所；标的；数量；质量；价款或者报酬；履行期限、地点和方式；违约责任；解决争议的方法。这些只是一般合同应当具备的条款，但不同的合同，由于类型与性质不同，其主要条款或者必备条款可以是不同的。

《农村土地承包合同管理办法》第十一条对其一般条款作出了规定，以便对土地承包合同的订立起指导和规范的作用。现将承包合同一般条款的内容分述如下。

(1) 发包方、承包方的名称，发包方负责人和承包方代表的姓名、住所。这是土地承包合同必须具备的条款。当事人是合同的主体，如果不写明当事人，就无法确定权利的享有者和义务的承担者，发生纠纷也难以解决。因此，要将发包方和承包方的名称或者姓名、住所都写清楚。对于发包方和承包方分别是谁，《农村土地承包法》第十三条和第十六条已分别作出了规定。

(2) 承包土地的名称、坐落、面积、质量等级。这是土地承包合同权利义务指向的对象，也是合同的必备条款，否则合同不能成立，承包关系无法建立。其中，土地的坐落是指土地的所在地，土地的质量等级是指土地管理部门依法评定的土地等级，是反映土地生产能力的重要指标之一。对于这些内容，合同中要规定细致、清楚，以防止差错，避免纠纷。

(3) 承包方家庭成员信息。一般填写承包方家庭成员的姓名、与承包方代表的关系。应当将具有土地承包经营权的全部家庭成员列入，要体现男女平等的原则，切实保护妇女等特殊群体的土地承包权益。家庭成员因出生、收养、结婚或者离婚、死亡等发生变化的，可在承包方家庭成员情况“备注”栏说明。

(4) 承包期限和起止日期。承包期限是指承包方依法享有权利，承担义务的期间。期限直接关系到合同权利义务的延续时间，涉及当事人的利益，也是确定合同是否按时履行或者迟延履行的客观依据。由于土地承包期限是法定的，当事人只能在《农村土地承包法》第二十一条规定的范围内确定承包期限。另外，为了确定合同权利义务的具体期间，合同中还要规定合同生效的起止日期。

(5) 承包土地的用途。按照《农村土地承包法》的规定，承包土地只能用于农业。对“农业”的范围，《中华人民共和国农业法》(以下简称《农业法》)规定，本法所称农业，是指种植业、林业、畜牧业和渔业等产业。根据 2019 年修正的《中华人民共和国土地管理法》(以下简称《土地管理法》)第十三条第二款规定，国家所有依法用于农业的土地可以由单位或者个人承包经营，从事种植业、林业、畜牧业、渔业生产。

(6) 发包方和承包方的权利和义务。《农村土地承包法》对发包方和承包方的权利义务分别作出了具体规定。除了这些权利义务之外，双方还应当履行其他法律如《土地管理法》、《农业法》、《中华人民共和国森林法》（以下简称《森林法》）、《中华人民共和国草原法》（以下简称《草原法》）、《中华人民共和国渔业法》等法律中规定的权利义务。当然，当事人还可以在不违反国家法律、行政法规规定的情况下，约定其他的权利义务。

（7）违约责任。违约责任是指承包合同当事人一方或者双方不履行合同或者不适当履行合同，依照法律的规定或者按照当事人的约定，应当承担的法律责任，如支付违约金、赔偿损失等。违约责任是促使当事人履行合同义务，使对方免受或者减少损失的重要法律措施，也是保证合同履行的主要条款。因此，一般有关合同的法律对于违约责任都作出了较为详尽的规定。《农村土地承包法》规定，当事人一方不履行合同义务或者履行义务不符合约定的，应当依法承担违约责任。

承包合同示范文本由农业农村部制定。承包合同自双方当事人签名、盖章或者按指印时成立。

四、农村土地承包合同的变更

农村土地承包合同期限比较长，短的为 30 年，长的可达 70 年甚至更久。合同从订立到履行完毕的几十年时间里，国家的政治经济形势都难免发生重大变化，这些变化必然会导致国家土地政策或法律的改变。鉴于此，《农村土地承包法》一方面严格保护土地承包合同的法律效力，维护其严肃性；另一方面在一些特殊情况下，也允许土地承包合同变更。

《农村土地承包法》规定，农村土地承包合同在以下几种情形下可以变更。

（1）自然灾害。在土地承包合同有效期间内，如果发生了重大自然灾害以致严重毁损土地，法律就允许对土地承包合同加以变更。根据《农村土地承包法》第二十八条的规定，承包期内，发包方不得调整承包地。承包期内，因自然灾害严重毁损承包地等特殊情形对个别农户之间承包的耕地和草地需要适当调整的，必须经本集体经济组织成员的村民会议三分之二以上成员或者三分之二以上村民代表的同意，并报乡（镇）人民政府和县级人民政府农业农村、林业和草原等主管部门批准。承包合同约定不得调整的，按照其约定。

（2）林地承包的承包人死亡。按照《农村土地承包法》第三十二条的规定，林地承包的承包人死亡的，其继承人可以在承包期内继续承包。这表明，林地承包合同并不因承包人的死亡而解除，继承人可以在剩余期限内继续承包。这里要特别注意：第一，本条规定只针对林地承包，而不包括其他土地；第二，只有在林地承包人死亡而承包期尚未届满的情况下，才存在继承人继续承包的问题；第三，林地承包只针对家庭承包而不针对家庭承包以外的形式。所谓承包人死亡，是指合同订立后在册的家庭成员全部死亡，并非指家庭任一成员死亡或者在承包合同上签字的家庭成员（如户主）死亡。因此，这里所规定的林地承包继承问题是指订立合同后在册的家庭成员中最后一个死亡的家庭成员的继承人可以在合同期限内继续承包。

（3）特殊林木林地承包期的延长。虽然我国法律按照土地的不同用途规定了严格的承包期限，但是对特殊林木的承包地，法律允许延长期限。《农村土地承包法》第二十一条规定，耕地的承包期为三十年。草地的承包期为三十年至五十年。林地的承包期为三十年至七十年。前款规定的耕地承包期届满后再延长三十年，草地、林地承包期届满后依照前款规定相应延长。这样规定主要是考虑到林地投资的回报周期比较长，通常需要二三十年甚至更长。有些特殊林木即使在法定的七十年期限内，承包人也难以收回投资收益。如果不区分林木类别一概规定林地的承包期为七十年，对这些承包人就不公平。因此，法律规定，特殊林木林地的承包期，经国务院林业主管部门批准可以延长。如果获准延长期限，实际上就是改变了原合同规定的期限，因而也属于对原合同的变更。

此外，《农村土地承包合同管理办法》第十三条对农村土地承包合同变更的具体情形进行了规定。承包期内，出现下列情形之一的，承包合同变更：①承包方依法分立或者合并的；②发包方依法调整承包地的；③承包方自愿交回部分承包地的；④土地承包经营权互换的；⑤土地承包经营权部分转让的；⑥承包地被部分征收的；⑦法律、法规和规章规定的其他情形。承包合同变更的，变更后的承包期限不得超过承包期的剩余期限。

五、农村土地承包合同的终止

农村土地承包合同依法订立后并非不可终止，在满足相应条件的情况下可以终止。农村土地承包合同的解除原因包括以下 5 个方面。

(1) 期限届满。我国法律针对不同用途的土地规定了不同的承包最长期限，因此，承包期限届满，承包合同自然应当终止，由发包方收回土地。

(2) 土地灭失。土地承包合同的订立和继续应当以土地的存在为前提，如果土地不存在，则法律关系当然消灭。因此，土地灭失是土地承包合同终止的原因。

(3) 承包人自愿交回土地。《农村土地承包法》的立法宗旨是保护承包人的土地承包权不受非法侵犯，因此立法的重点从各个不同方面规范发包人以及其他组织的行为，以达到保护承包人的合法权益的目的。虽然法律有关于承包期限的规定，但是这种期限对于发包人具有法律拘束力，而承包人则可以在承包期届满之前，自愿交回所承包的土地。《农村土地承包法》第三十条规定：“承包期内，承包方可以自愿将承包地交回发包方……”承包人自愿交回所承包的土地的，承包合同即告终止。

（4）承包人全家进城落户，转为非农业户口。《农村土地承包法》第二十七条规定，承包期内，承包农户进城落户的，引导支持其按照自愿有偿原则依法在本集体经济组织内转让土地承包经营权或者将承包地交回发包方，也可以鼓励其流转土地经营权。根据该条规定，承包人进城落户可能会导致合同终止。

（5）国家征收。《中华人民共和国宪法》（以下简称《宪法》）规定，国家为了公共利益的需要，可以依照法律规定对土地实行征收或者征用并给予补偿。如果征收涉及已经被承包的土地，则承包合同因为征收而终止。

此外，《农村土地承包合同管理办法》第十四条对农村土地承包合同终止的具体情形进行了规定。承包期内，出现下列情形之一的，承包合同终止：①承包方消亡的；②承包方自愿交回全部承包地的；③土地承包经营权全部转让的；④承包地被全部征收的；⑤法律、法规和规章规定的其他情形。

六、变更或者终止承包合同提供的材料

承包地被征收、发包方依法调整承包地或者承包方消亡的，发包方应当变更或者终止承包合同。

除上述规定的情形外，承包合同变更、终止的，承包方向发包方提出申请，并提交以下材料：①变更、终止承包合同的书面申请；②原承包合同；③承包方分立或者合并的协议，交回承包地的书面通知或者协议，土地承包经营权互换合同、转让合同等其他相关证明材料；④具有土地承包经营权的全部家庭成员同意

变更、终止承包合同的书面材料；⑤法律、法规和规章规定的其他材料。

第三节　农村宅基地政策与法规

一、农村宅基地的定义

农村宅基地是农村村民用于建造住宅及其附属设施的集体建设用地，包括住房、附属用房和庭院等用地，不包括与宅基地相连的农业生产性用地、农户超出宅基地范围占用的空闲地等土地。

农村宅基地归本集体成员集体所有。《宪法》第十条规定，农村和城市郊区的土地，除由法律规定属于国家所有的以外，属于集体所有；宅基地和自留地、自留山，也属于集体所有。

二、目前国家对农村宅基地的法律政策规定

目前，国家对农村宅基地管理没有专门性法律法规，相关的法律法规有《宪法》《土地管理法》《中华人民共和国担保法》《中华人民共和国城乡规划法》《不动产登记暂行条例》等。

党中央国务院颁发了一系列政策文件，主要的有：相关的中央一号文件，《国务院批转国家土地管理局〈关于加强农村宅基地管理工作请示〉的通知》（国发〔1990〕4 号），《中共中央、国务院关于进一步加强土地管理切实保护耕地的通知》（中发〔1997〕11 号），《国务院办公厅关于加强土地转让管理严禁炒卖土地的通知》（国办发〔1999〕39 号），《国务院关于深化改革严格土地管理的决定》（国发〔2004〕28 号），《国务院关于促进节约集约用地的通知》（国发〔2008〕3 号），《中央农村工作

领导小组办公室　农业农村部关于进一步加强农村宅基地管理的通知》(中农发〔2019〕11号）等。

国务院有关行政主管部门制发的一系列部门规章和规范性文件，如《国家土地管理局关于印发〈确定土地所有权和使用权的若干规定〉的通知》(〔1995〕国土〔籍〕字第26号)，《国土资源部印发〈关于加强农村宅基地管理的意见〉的通知》(国土资发〔2004〕234号)，《国土资源部关于进一步完善农村宅基地管理制度切实维护农民权益的通知》(国土资发〔2010〕28号)，《国土资源部　财政部　住房和城乡建设部　农业部　国家林业局关于进一步加快推进宅基地和集体建设用地使用权确权登记发证工作的通知》(国土资发〔2014〕101号)，《国土资源部关于进一步加快宅基地和集体建设用地确权登记发证有关问题的通知》(国土资发〔2016〕191号)，《农业农村部关于积极稳妥开展农村闲置宅基地和闲置住宅盘活利用工作的通知》(农经发〔2019〕4号)，《农业农村部　自然资源部关于规范农村宅基地审批管理的通知》(农经发〔2019〕6号）等。

各省、自治区、直辖市按照法律和中央的要求，立足本地实际，制定出台的地方性法规、规章和管理文件，共同构成了现行农村宅基地法律政策体系。

三、宅基地的申请

依据《土地管理法》，结合各省（自治区、直辖市）宅基地管理的有关规定，农村村民有下列情况之一的，可以以户为单位申请宅基地。

(1）无宅基地的。

(2）因子女结婚等原因确需分户而现有的宅基地低于分户标准的。

（3）现住房影响乡（镇）村建设规划，需要搬迁重建的。

（4）符合政策规定迁入村集体组织落户为正式成员且在原籍没有宅基地的。

（5）因自然灾害损毁或避让地质灾害搬迁的。

各省（自治区、直辖市）对农户申请宅基地条件有其他规定的，应同时满足其他条件要求。

按照《土地管理法》第六十二条规定，农村村民出卖、出租、赠与住宅后，再申请宅基地的，不予批准。

四、宅基地申请审批程序

农村宅基地分配实行农户申请、村组审核、乡镇审批。按照《农业农村部　自然资源部关于规范农村宅基地审批管理的通知》（农经发〔2019〕6号），宅基地申请审批流程包括农户申请、村民小组会议讨论通过并公示、村集体经济组织或村民委员会（以下简称村级组织）开展材料审查、乡镇部门审查、报送乡镇政府等环节。没有分设村民小组或宅基地和建房申请等事项已统一由村级组织办理的，农户直接向村级组织提出申请，经村民代表会议讨论通过并在本集体经济组织范围内公示后，由村级组织签署意见，报送乡镇政府。

五、宅基地的保留和继承

进城落户的农民可以依法保留其原来合法取得的宅基地使用权。按照《中共中央　国务院关于坚持农业农村优先发展做好“三农”工作的若干意见》（中发〔2019〕1号）“坚持保障农民土地权益、不得以退出承包地和宅基地作为农民进城落户条件”规定精神，不能强迫进城落户农民放弃其合法取得的宅基地使用权。在此之前，《国土资源部关于进一步加快宅基地和集体建设用地确权登记发证有关问题的通知》（国土资发〔2016〕191号）规定，农民进城落户后，其原合法取得的宅基地使用权应予以确权登记。

农村宅基地不能继承，农房可以依法继承。农村宅基地所有权、宅基地使用权和房屋所有权相分离，农村宅基地所有权属于农民集体，宅基地使用权和房屋所有权属于农户。宅基地使用权人以户为单位，依法享有占有和使用宅基地的权利。在户内有成员死亡而农户存续的情况下，不发生宅基地继承问题。农户消亡时，权利主体不再存在，宅基地使用权灭失。

六、"房地一体"不动产权证

"房地一体"不动产权证是物权权利归属的凭证。根据《不动产登记暂行条例》《不动产登记暂行条例实施细则》《不动产登记操作规范（试行）》等的规定，将农村宅基地、集体建设用地及其上的建筑物、构筑物实行统一权籍调查和确权登记后，统一颁发"房地一体"的不动产权证书。

申请宅基地使用权及房屋所有权首次登记的，应当根据不同情况，提交下列材料：①申请人身份证和户口簿；②不动产权属证书或者有批准权的人民政府批准用地的文件等权属来源材料；③房屋符合规划或者建设的相关材料；④权籍调查表、宗地图、房屋平面图以及宗地界址点坐标等有关不动产界址、面积等材料；⑤其他必要材料。

因依法继承、分家析产、集体经济组织内部互换房屋等导致宅基地使用权及房屋所有权发生转移而申请登记的，申请人应当根据不同情况，提交下列材料：①不动产权属证书或者其他权属来源材料；②依法继承的材料；③分家析产的协议或者材料；④集体经济组织内部互换房屋的协议；⑤其他必要材料。

七、宅基地的利用

闲置宅基地盘活利用要统筹考虑区位条件、资源禀赋、环境容量、产业基础和历史文化传承等因素，选择适合本地实际的农村闲置宅基地和闲置住宅盘活利用模式。根据《农业农村部关于积极稳妥开展农村闲置宅基地和闲置住宅盘活利用工作的通知》(农经发〔2019〕4 号)，盘活利用主要有以下方式：一是利用闲置住宅发展符合乡村特点的休闲农业、乡村旅游、餐饮民宿、文化体验、创意办公、电子商务等新产业新业态；二是利用闲置住宅发展农产品冷链、初加工、仓储等一二三产业融合发展项目；三是采取整理、复垦、复绿等方式，开展农村闲置宅基地整治，依法依规利用城乡建设用地增减挂钩、集体经营性建设用地入市等政策，为农民建房、乡村建设和产业发展等提供土地等要素保障。盘活利用的主体主要包括以下 3 类。一是农村集体经济组织及其成员。在充分保障农民宅基地合法权益的前提下，支持农村集体经济组织及其成员采取自营、出租、入股、合作等多种方式盘活利用农村闲置宅基地和闲置住宅。鼓励有一定经济实力的农村集体经济组织对闲置宅基地和闲置住宅进行统一盘活利用。二是返乡人员。支持返乡人员依托自有和闲置住宅发展适合的乡村产业项目。《国务院办公厅关于支持返乡下乡人员创业创新促进农村一二三产业融合发展的意见》(国办发〔2016〕84号）提出，支持返乡下乡人员依托自有和闲置农房院落发展农家乐。在符合农村宅基地管理规定和相关规划的前提下，允许返乡下乡人员和农民合作改建自住房。三是社会企业。引导有实力、有意愿、有责任的企业有序参与闲置宅基地和闲置住宅盘活利用工作。

鼓励闲置宅基地盘活利用的支持政策如下。一是资金奖励和补助。统筹安排相关资金，用于农村闲置宅基地和闲置住宅盘活利用奖励、补助等。二是金融创新支持盘活利用项目。条件成熟时，研究发行地方政府专项债券支持农村闲置宅基地和闲置住宅盘活利用项目。推动金融信贷产品和服务创新，为农村闲置宅基地和闲置住宅盘活利用提供支持。三是资源项目社会推介。结合乡村旅游大会、农业嘉年华、农博会等活动，向社会推介农村闲置宅基地和闲置住宅资源。

八、宅基地使用权纠纷的解决办法

对宅基地使用权纠纷应按下列原则妥善处理：依法保护国家、集体的宅基地所有权；依法保护公民、法人合法取得的宅基地使用权。

根据我国《土地管理法》的规定，对宅基地使用权纠纷的解决办法主要有3种。

（1）协商解决。《土地管理法》第十四条第一款规定，土地所有权和使用权争议，由当事人协商解决；协商不成的，由人民政府处理。据此规定，发生宅基地纠纷，应当先通过协商的方式解决。

（2）行政解决。《土地管理法》第十四条第二款规定，单位之间的争议，由县级以上人民政府处理；个人之间、个人与单位之间的争议，由乡级人民政府或者县级以上人民政府处理。

（3）司法解决。《土地管理法》第十四条第三款规定，当事人对有关人民政府的处理决定不服的，可以自接到处理决定通知之日起三十日内，向人民法院起诉。这表明当事人之间就土地的使用权和所有权归属发生的纠纷，只有按照《土地管理法》第十四条第二款的规定，先经过有关行政机关的处理，对处理决定不服的，才可以向人民法院提起诉讼。否则，人民法院不予受理。但对于侵犯土地的所有权或者使用权的，被侵权人可以不经行政机关的处理，而直接向人民法院起诉。

此外，宅基地纠纷还可以通过人民调解的方式来解决。人民调解是指在人民调解委员会（一般设置在城市的居民委员会和农村的村民委员会）的主持下，以国家的法律、法规规章、政策和社会公德为依据，对民间纠纷当事人进行说服教育、规劝疏导，促进当事人互相谅解、平等协商，从而自愿达成协议，消除纷争的一种群众自治活动。人民调解是现行调解制度的一个重要组成部分，是我国法治建设的一项独特制度。

第二章　农业生产资料管理

第一节　种子管理

一、种子的定义

根据2021年修订的《中华人民共和国种子法》(以下简称《种子法》)第二条规定，种子是指农作物和林木的种植材料或者繁殖材料，包括籽粒、果实、根、茎、苗、芽、叶、花等。《种子法》所称的种子不仅是常见的用于播种的籽粒，还包括育苗移栽、扦插、嫁接、压条等所用的繁殖材料。玉米、小麦、大豆是种子，葡萄枝、白薯块根、马铃薯块茎、大蒜头、辣椒秧、番茄苗等也是种子。

二、假种子和劣种子的认定情形

(一) 假种子

(1) 以非种子冒充种子或者以此种品种种子冒充他种品种种子的。

(2) 种子种类、品种与标签标注的内容不符或者没有标签的。

(二) 劣种子

(1) 质量低于国家规定标准的。

（2）质量低于标签标注指标的。

（3）带有国家规定的检疫性有害生物的。

三、种子生产经营注意事项

（1）从事种子生产经营必须取得种子生产经营许可证。

（2）种子生产应当执行种子生产技术规程和种子检验、检疫规程。

（3）种子生产经营者应当建立和保存生产经营档案，记录种子来源、产地、数量、销售去向和日期等内容，保证可追溯。

（4）种子生产经营者，以书面委托生产、代销种子的，应当向当地农业主管部门备案。

（5）销售的种子应当符合国家或者行业标准，附有标签和使用说明。

（6）种子生产经营者在经营过程中，禁止生产销售假种子、劣种子、应当审定农作物品种而未经审定的种子、应当登记农作物品种而未经登记的种子、应当包装而没有包装的种子和未按规定备案的种子。

四、购买种子的注意事项

（1）在合法经营单位购种。不随意购买流动商贩和无证、无照经营者销售的种子。

（2）购买种子注意包装、标签应符合法规要求。种子包装袋标明作物种类、品种名称、生产商、净含量、生产年月、警示标志等。不购买散装种子或包装破损、标签不清的种子。

（3）购买种子注意索要购买凭证。

五、常见种子生产经营违法行为及法律责任

根据《种子法》，常见种子生产经营违法行为及法律责任见表 2-1。

表 2-1　常见种子生产经营违法行为及法律责任

<table>
<tr><th>违法行为</th><th>法律责任</th></tr>
<tr><td>生产经营假种子</td><td>由县级以上人民政府农业农村、林业草原主管部门责令停止生产经营，没收违法所得和种子，吊销种子生产经营许可证；违法生产经营的货值金额不足二万元的，并处二万元以上二十万元以下罚款；货值金额二万元以上的，并处货值金额十倍以上二十倍以下罚款</td></tr>
<tr><td>生产经营劣种子</td><td>由县级以上人民政府农业农村、林业草原主管部门责令停止生产经营，没收违法所得和种子；违法生产经营的货值金额不足二万元的，并处一万元以上十万元以下罚款；货值金额二万元以上的，并处货值金额五倍以上十倍以下罚款；情节严重的，吊销种子生产经营许可证</td></tr>
<tr><td>未取得种子生产经营许可证生产经营种子</td><td>由县级以上人民政府农业农村、林业草原主管部门责令改正，没收违法所得和种子；违法生产经营的货值金额不足一万元的，并处三千元以上三万元以下罚款；货值金额一万元以上的，并处货值金额三倍以上五倍以下罚款；可以吊销种子生产经营许可证</td></tr>
<tr><td>对应当审定未经审定的农作物品种进行推广、销售</td><td rowspan="2">由县级以上人民政府农业农村、林业草原主管部门责令停止违法行为，没收违法所得和种子，并处二万元以上二十万元以下罚款</td></tr>
<tr><td>对应当登记未经登记的农作物品种进行推广，或者以登记品种的名义进行销售</td></tr>
</table>

（续表）

违法行为	法律责任
销售的种子应当包装而没有包装	由县级以上人民政府农业农村、林业草原主管部门责令改正，处二千元以上二万元以下罚款
销售的种子没有使用说明或者标签内容不符合规定	
未按规定建立、保存种子生产经营档案	
种子生产经营者在异地设立分支结构、专门经营不再分装的包装种子或者受委托生产、代销种子，未按规定备案	
拒绝、阻挠农业农村、林业草原主管部门依法实施监督检查	处二千元以上五万元以下罚款，可以责令停产停业整顿；构成违反治安管理行为的，由公安机关依法给予治安管理处罚

第二节　农药管理

一、农药的定义

2022 年修订的《农药管理条例》第二条规定，农药是指用于预防、控制危害农业、林业的病、虫、草、鼠和其他有害生物以及有目的地调节植物、昆虫生长的化学合成或者来源于生物、其他天然物质的一种物质或者几种物质的混合物及其制剂。

农药包括用于不同目的、场所的下列各类。

（1）预防、控制危害农业、林业的病、虫（包括昆虫、蜱、螨）、草、鼠、软体动物和其他有害生物。

（2）预防、控制仓储以及加工场所的病、虫、鼠和其他有害生物。

（3）调节植物、昆虫生长。

（4）农业、林业产品防腐或者保鲜。

（5）预防、控制蚊、蝇、蜚蠊、鼠和其他有害生物。

（6）预防、控制危害河流堤坝、铁路、码头、机场、建筑物和其他场所的有害生物。

二、经营农药的资质

应依法取得工商营业执照、农药经营许可证（专门经营卫生用农药的除外）。

在经营许可发证机关管辖区域且有效期内设立分支机构的，应当依法申请变更农药经营许可证，并向分支机构所在地县级以上地方人民政府农业主管部门备案，其分支机构免予办理农药经营许可证。

三、农药经营者采购农药的注意事项

农药经营者采购农药应当查验产品包装、标签、产品质量检验合格证以及有关许可证明文件。

中国农药信息网可查询农药登记、标签等信息。

四、农药标签应标注的内容

农药标签应标注：①农药名称、剂型、有效成分及其含量；②农药登记证号、产品质量标准号以及农药生产许可证号；③农药类别及其颜色标志带、产品性能、毒性及其标识；④使用范围、使用方法、剂量、使用技术要求和注意事项；⑤中毒急救措施；⑥储存和运输方法；⑦生产日期、产品批号、质量保证期、净含量；⑧农药登记证持有人名称及其联系方式；⑨可追溯电子信息码；⑩像形图。

特别规定：①原药（母药）产品应当注明“本品是农药制剂加工的原材料，不得用于农作物或其他场所”；②限制使用农药应当标注“限制使用”字样，并注明对使用的特别限制和特殊要求；③用于食用农产品的农药应当标注安全间隔期；④剧毒、高毒农药应当标明中毒急救咨询电话。

五、农药经营、使用应建立的台账

农药经营应当建立采购台账和销售台账。采购台账应如实记录农药的名称、有关许可证明文件编号、规格、数量、生产企业和供货人名称及其联系方式、进货日期等内容。销售台账应如实记录销售农药的名称、规格、数量、生产企业、购买人、销售日期等内容。

农药使用时，农产品生产企业、食品和食用农产品仓储企业、专业化病虫害防治服务组织和从事农产品生产的农民专业合作社等应当建立农药使用台账，如实记录使用农药的时间、地点、对象以及农药名称、来源、用量、生产企业等。

以上台账应当保存 2 年以上，同时妥善保存相关票据。

六、禁用或限用的农药

(一) 52 种禁止（停止）使用的农药

六六六、滴滴涕、毒杀芬、二溴氯丙烷、杀虫脒、二溴乙烷、除草醚、艾氏剂、狄氏剂、汞制剂、砷类、铅类、敌枯双、氟乙酰胺、甘氟、毒鼠强、氟乙酸钠、毒鼠硅、甲胺磷、对硫磷、甲基对硫磷、久效磷、磷胺、苯线磷、地虫硫磷、甲基硫环磷、磷化钙、磷化镁、磷化锌、硫线磷、蝇毒磷、治螟磷、特丁硫磷、氯磺隆、胺苯磺隆、甲磺隆、福美胂、福美甲胂、三氯杀螨醇、林丹、硫丹、氟虫胺、杀扑磷、百草枯、灭蚁灵、氯丹、2,4-滴丁酯、甲拌磷、甲基异柳磷、水胺硫磷、灭线磷、溴甲烷。

注：2,4-滴丁酯过渡期至 2023 年 1 月 29 日，过渡期内处于登

记有效期内可按登记要求使用。甲拌磷、甲基异柳磷，水胺硫磷、灭线磷过渡期至 2024 年 9 月 1 日，过渡期内禁止在蔬菜、瓜果、茶叶、菌类、中草药材上使用，禁止用于防治卫生害虫，禁止用于水生植物的病虫害防治。甲拌磷、甲基异柳磷过渡期内禁止在甘蔗上使用。过渡期后禁止销售和使用上述5 种农药。溴甲烷仅可用于“检疫熏蒸处理”。

（二）16 种在部分范围禁止使用的农药

克百威、氧乐果、灭多威、涕灭威、内吸磷、硫环磷、氯唑磷、乙酰甲胺磷、丁硫克百威、乐果、毒死蜱、三唑磷、丁酰肼（比久）、氰戊菊酯、氟虫腈、氟苯虫酰胺。

七、假农药和劣农药的认定

（一）假农药的认定情形

（1）以非农药冒充农药。

（2）以此种农药冒充他种农药。

（3）农药所含有效成分种类与农药的标签、说明书标注的有效成分不符。

（4）禁用的农药，未依法取得农药登记证而生产、进口的农药，以及未附具标签的农药。

（二）劣农药的认定情形

（1）不符合农药产品质量标准。

（2）混有导致药害等有害成分。

（3）超过农药质量保证期的农药。

八、使用农药的注意事项

（1）应当按照农药的标签标注的使用范围、使用方法和剂量、使用技术要求和注意事项、安全间隔期使用农药。

（2）严禁将剧毒、高毒农药用于防治卫生害虫，严禁用于蔬菜、瓜果、茶叶、菌类、中草药材生产或者用于水生植物的病虫害防治。

（3）严禁在饮用水水源保护区内使用农药。

（4）严禁使用农药毒鱼、虾、鸟、兽等。

（5）应当及时收集农药包装废弃物并交回农药经营者或农药包装废弃物回收站（点），不得随意丢弃。

（6）严禁在饮用水水源保护区、河道内丢弃农药、农药包装物或者清洗施药器械。

九、常见农药生产经营使用违法行为及法律责任

根据《农药管理条例》，常见农药生产经营使用违法行为及法律责任见表2-2。

表2-2　常见农药生产经营使用违法行为及法律责任

<table>
<tr><th>违法行为</th><th>法律责任</th></tr>
<tr><td>未取得农药经营许可证经营农药</td><td rowspan="3">由县级以上地方人民政府农业主管部门责令停止经营，没收违法所得、违法经营的农药和用于违法经营的工具、设备等，违法经营的农药货值金额不足1万元的，并处5 000元以上5万元以下罚款，货值金额1万元以上的，并处货值金额5倍以上10倍以下罚款；构成犯罪的，依法追究刑事责任</td></tr>
<tr><td>经营假农药</td></tr>
<tr><td>在农药中添加物质</td></tr>
<tr><td>经营劣质农药</td><td>由县级以上地方人民政府农业主管部门责令停止经营，没收违法所得、违法经营的农药和用于违法经营的工具、设备等，违法经营的农药货值金额不足1万元的，并处2 000元以上2万元以下罚款，货值金额1万元以上的，并处货值金额2倍以上5倍以下罚款；情节严重的，由发证机关吊销农药经营许可证；构成犯罪的，依法追究刑事责任</td></tr>
</table>

（续表）

违法行为	法律责任
设立分支机构未依法变更农药经营许可证，或者未向分支机构所在地县级以上地方人民政府农业主管部门备案	由县级以上地方人民政府农业主管部门责令改正，没收违法所得和违法经营的农药，并处5 000元以上5万元以下罚款；拒不改正或者情节严重的，由发证机关吊销农药经营许可证
向未取得农药生产许可证的农药生产企业或者未取得农药经营许可证的其他农药经营者采购农药	
采购、销售未附具产品质量检验合格证或者包装、标签不符合规定的农药	
不停止销售依法应当召回的农药	
不执行农药采购台账、销售台账制度	由县级以上地方人民政府农业主管部门责令改正；拒不改正或者情节严重的，处2 000元以上2万元以下罚款，并由发证机关吊销农药经营许可证
在卫生用农药以外的农药经营场所内经营食品、食用农产品、饲料等	
未将卫生用农药与其他商品分柜销售	
不履行农药废弃物回收义务	
不按照农药的标签标注的使用范围、使用方法和剂量、使用技术要求和注意事项、安全间隔期使用农药	由县级人民政府农业主管部门责令改正，农药使用者为农产品生产企业、食品和食用农产品仓储企业、专业化病虫害防治服务组织和从事农产品生产的农民专业合作社等单位的，处5万元以上10万元以下罚款，农药使用者为个人的，处1万元以下罚款；构成犯罪的，依法追究刑事责任
使用禁用的农药	
将剧毒、高毒农药用于防治卫生害虫，用于蔬菜、瓜果、茶叶、菌类、中草药材生产或者用于水生植物的病虫害防治	
在饮用水水源保护区内使用农药	
使用农药毒鱼、虾、鸟、兽等	
在饮用水水源保护区、河道内丢弃农药、农药包装物或者清洗施药器械	
农产品生产企业、食品和食用农产品仓储企业、专业化病虫害防治服务组织和从事农产品生产的农民专业合作社等不执行农药使用记录制度	由县级人民政府农业主管部门责令改正；拒不改正或者情节严重的，处2 000元以上2万元以下罚款

第三节 肥料登记管理

我国首部《肥料登记管理办法》于2000年6月12日经农业部常务会议通过，2022年1月7日农业农村部令2022年第1号修订。肥料是指用于提供、保持或改善植物营养和土壤物理、化学性能以及生物活性，能提高农产品产量，或改善农产品品质，或增强植物抗逆性的有机、无机、微生物及其混合物料。

一、肥料登记形式

农业农村部负责全国肥料登记、备案和监督管理工作，部级肥料登记形式分为备案制和登记制两种。

备案制肥料产品包含：大量元素水溶肥料、中量元素水溶肥料、微量元素水溶肥料、农用氯化钾镁、农用硫酸钾镁。

登记制肥料产品包含：农用微生物菌剂、生物有机肥、复合微生物肥料、农用微生物浓缩制剂、含腐植酸水溶肥料、含氨基酸水溶肥料、尿素硝酸铵溶液、农用硝酸铵钙、农林保水剂、有机水溶肥料、土壤调理剂、中量元素肥料、微量元素肥料、缓释肥料、增效氮肥、肥料增效剂、农用硝酸钙、农用硫酸镁、土壤修复菌剂以及其他特殊产品。

免于登记的肥料包含：硫酸铵、尿素、硝酸铵、氰氨化钙、磷酸铵（磷酸一铵、二铵）、硝酸磷肥、过磷酸钙、氯化钾、硫酸钾、硝酸钾、氯化铵、碳酸氢铵、钙镁磷肥、磷酸二氢钾、单一微量元素肥、高浓度复合肥等肥料。

二、肥料登记类型

（一）首次登记

按照农业农村部相关规定，申请人应当按照登记要求准备好材料后向农业农村部申请肥料登记，肥料登记证有效期为五年。

（二）续展登记

肥料登记证有效期满，需要继续生产、销售该产品的，应当在有效期满六个月前提出续展登记申请，符合条件的经农业农村部批准续展登记。续展有效期为五年。登记证有效期满没有提出续展登记申请的，视为自动撤销登记。登记证有效期满后提出续展登记申请的，应重新办理登记。

（三）变更登记

经登记的肥料产品，在登记有效期内改变使用范围、商品名称、企业名称的，应申请变更登记；改变成分、剂型的，应重新申请登记。

三、肥料经营注意事项

(1) 依法取得工商营业执照。

(2) 购进肥料，应当执行进货验收制度，验明肥料登记证、产品标签、质量检验合格证明、产品使用说明和其他资料。

(3) 建立肥料销售档案。肥料销售档案应当包括购入和销售的肥料产品、数量、生产企业、价格、批号、生产日期、购买者等情况，肥料销售档案应当在肥料销售后保存二年。

四、购买肥料注意事项

(1) 看肥料经营者的经营资格，是否有经营化肥的营业执照等合法手续。要选择手续合法、有规模和有信誉的门店或企业厂家购买。

（2）看肥料标识，分清肥料类别；了解肥料的养分含量、用途、用法、注意事项。查看肥料登记证。

（3）购买肥料一定要索取购销凭证。

（4）发现假冒、伪劣的肥料，及时向有关部门举报。

五、常见肥料生产经营违法行为及法律责任

有下列情形之一的，由县级以上农业农村主管部门给予警告，并处违法所得 3 倍以下罚款，但最高不得超过 30 000 元；没有违法所得的，处 10 000 元以下罚款：生产、销售未取得登记证的肥料产品；假冒、伪造肥料登记证、登记证号的；生产、销售的肥料产品有效成分或含量与登记批准的内容不符的。

有下列情形之一的，由县级以上农业农村主管部门给予警告，并处违法所得 3 倍以下罚款，但最高不得超过 20 000 元；没有违法所得的，处 10 000 元以下罚款：转让肥料登记证或登记证号的；登记证有效期满未经批准续展登记而继续生产该肥料产品的；生产、销售包装上未附标签、标签残缺不清或者擅自修改标签内容的。

第四节　兽药管理

一、兽药的定义

根据 2020 年修订的《兽药管理条例》第七十二条规定，兽药是指用于预防、治疗、诊断动物疾病或者有目的地调节动物生理机能的物质（含药物饲料添加剂），主要包括：血清制品、疫苗、诊断制品、微生态制品、中药材、中成药、化学药品、抗生

素、生化药品、放射性药品及外用杀虫剂、消毒剂等。

二、购进兽药产品需要核查的证号

查询核实兽药产品信息的官方网站是中国兽药信息网。购进兽药产品需要核查的证号如下。

（1）兽药产品批准文号。标示为"（兽药类别简称）×××××××××"，编制格式为：兽药类别简称+省份序号（2位数字）+企业序号（3位数字）+兽药品种编号（4位数字）。兽药类别简称有兽药生字、兽药字、兽药原字、兽药临字。

（2）兽药生产许可证号。标示为"（××××）兽药生产证字×××××号"，编制格式为：年号（4位数字）+兽药生产证字+编号（省份序号2位数字+企业序号3位数字）。

（3）兽药GMP证书编号。标示为"（××××）兽药GMP证字×××××号"，编制格式为：年号（4位数字）+兽药GMP证字+编号（省份序号2位数字+办理顺序号3位数字）。

三、兽药标签应标注的内容

兽药产品（原料药除外）必须同时使用内包装标签和外包装标签。

内包装标签必须注明兽用标识、兽药名称、适应症（或功能与主治）、含量/包装规格、批准文号或《进口兽药登记许可证》证号、生产日期、生产批号、有效期、生产企业信息等内容。

外包装标签必须注明兽用标识、兽药名称、主要成分、适应症（或功能与主治）、用法与用量、含量/包装规格、批准文号或《进口兽药登记许可证》证号、生产日期、生产批号、有效期、停药期、贮藏、包装数量、生产企业信息等内容。

兽药标签或最小销售包装上应当按照农业农村部的规定印制

兽药产品电子追溯码，电子追溯码以二维码标注。

四、兽药经营的资质

符合相应人员、场所、设备、制度等条件的申请人可向市、县人民政府兽医行政管理部门申请兽药经营许可证；经营兽用生物制品的，应当向省、自治区、直辖市人民政府兽医行政管理部门申请兽药经营许可证，经营者不得超出兽药经营许可证载明的经营范围经营兽用生物制品。

五、兽药入库和出库时的注意事项

兽药入库时，应当进行检查验收，将兽药入库的信息上传兽药产品追溯系统，并做好记录。

兽药出库时，应当进行检查、核对，建立出库记录，并将出库信息上传兽药产品追溯系统。

六、停止经营、使用用于食品动物的药物

中华人民共和国农业部公告第 2292 号明确规定，停止经营、使用用于食品动物的洛美沙星、培氟沙星、氧氟沙星、诺氟沙星 4 种原料药的各种盐、酯及其各种制剂。中华人民共和国农业部公告第 2638 号明确规定，停止经营、使用喹乙醇、氨苯胂酸、洛克沙胂 3 种兽药的原料药及各种制剂。

七、假兽药和劣兽药的认定

（一）有下列情形之一的，为假兽药

（1）以非兽药冒充兽药或者以他种兽药冒充此种兽药的。

（2）兽药所含成分的种类、名称与兽药国家标准不符合的。

（二）有下列情形之一的，按照假兽药处理

（1）国务院兽医行政管理部门规定禁止使用的。

（2）依照本条例规定应当经审查批准而未经审查批准即生产、进口的，或者依照本条例规定应当经抽查检验、审查核对而未经抽查检验、审查核对即销售、进口的。

（3）变质的。

（4）被污染的。

（5）所标明的适应症或者功能主治超出规定范围的。

（三）有下列情形之一的，为劣兽药

（1）成分含量不符合兽药国家标准或者不标明有效成分的。

（2）不标明或者更改有效期或者超过有效期的。

（3）不标明或者更改产品批号的。

（4）其他不符合兽药国家标准，但不属于假兽药的。

八、常见兽药生产经营使用违法行为及法律责任

根据《兽药管理条例》，常见兽药生产经营使用违法行为及法律责任见表 2-3。

表 2-3　常见兽药生产经营使用违法行为及法律责任

<table>
<tr><th>违法行为</th><th>法律责任</th></tr>
<tr><td>无兽药生产许可证、兽药经营许可证生产、经营兽药</td><td rowspan="3">责令其停止生产、经营，没收用于违法生产的原料、辅料、包装材料及生产、经营的兽药和违法所得，并处违法生产、经营的兽药（包括已出售的和未出售的兽药，下同）货值金额 2 倍以上 5 倍以下罚款，货值金额无法查证核实的，处 10 万元以上 20 万元以下罚款；无兽药生产许可证生产兽药，情节严重的，没收其生产设备；生产、经营假、劣兽药，情节严重的，吊销兽药生产许可证、兽药经营许可证；构成犯罪的，依法追究刑事责任；给他人造成损失的，依法承担赔偿责任。生产、经营企业的主要负责人和直接负责的主管人员终身不得从事兽药的生产、经营活动</td></tr>
<tr><td>虽有兽药生产许可证、兽药经营许可证，生产、经营假、劣兽药</td></tr>
<tr><td>兽药经营企业经营人用药品</td></tr>
</table>

（续表）

违法行为	法律责任
买卖、出租、出借兽药生产许可证、兽药经营许可证和兽药批准证明文件	没收违法所得，并处1万元以上10万元以下罚款；情节严重的，吊销兽药生产许可证、兽药经营许可证或者撤销兽药批准证明文件；构成犯罪的，依法追究刑事责任；给他人造成损失的，依法承担赔偿责任
未经兽医开具处方销售、购买、使用兽用处方药	责令其限期改正，没收违法所得，并处5万元以下罚款；给他人造成损失的，依法承担赔偿责任
兽药生产、经营企业把原料药销售给兽药生产企业以外的单位和个人的，或者兽药经营企业拆零销售原料药	责令其立即改正，给予警告，没收违法所得，并处2万元以上5万元以下罚款；情节严重的，吊销兽药生产许可证、兽药经营许可证；给他人造成损失的，依法承担赔偿责任
超出《兽药经营许可证》载明的经营范围经营兽用生物制品	按未取得兽药经营许可证经营兽药处罚
兽药生产企业、经营企业、兽药使用单位和开具处方的兽医人员发现可能与兽药使用有关的严重不良反应，不向所在地人民政府兽医行政管理部门报告	给予警告，并处5 000元以上1万元以下罚款

第五节　饲料和饲料添加剂管理

一、饲料和饲料添加剂的定义

2017年修订的《饲料和饲料添加剂管理条例》第二条规定，饲料是指经工业化加工、制作的供动物食用的产品，包括单一饲料、添加剂预混合饲料、浓缩饲料、配合饲料和精料补充料。饲料添加剂，是指在饲料加工、制作、使用过程中添加的少量或者微量物质，包括营养性饲料添加剂和一般饲料添加剂。

二、购进饲料产品需要核查的产品信息

（1）产品标签。

（2）产品质量检验合格证。

（3）相应的许可证明文件，如饲料生产许可证、进口登记证等。

三、饲料、饲料添加剂包装的标签应标注的内容

（1）标签应当以中文或者适用符号标明产品名称、原料组成、产品成分分析保证值、净重或者净含量。

（2）贮存条件、使用说明、注意事项、生产日期、保质期。

（3）生产企业名称以及地址、许可证明文件编号和产品质量标准等。

（4）加入药物饲料添加剂的，还应当标明“加入药物饲料添加剂”字样，并标明其通用名称、含量和休药期。

（5）乳和乳制品以外的动物源性饲料，还应当标明“本产品不得饲喂反刍动物”字样。

四、饲料、饲料添加剂的经营者条件

（1）有与经营饲料、饲料添加剂相适应的经营场所和仓储设施。

（2）有具备饲料、饲料添加剂使用、贮存等知识的技术人员。

（3）有必要的产品质量管理和安全管理制度。

五、禁止经营、使用的饲料和饲料添加剂

禁止经营、使用无产品标签、无生产许可证、无产品质量标准、无产品质量检验合格证的饲料、饲料添加剂。禁止经营、使

用无产品批准文号的饲料添加剂、添加剂预混合饲料。禁止经营、使用未取得饲料、饲料添加剂进口登记证的进口饲料、进口饲料添加剂。

六、饲料、饲料添加剂经营者应建立产品购销台账

应如实记录购销产品的名称、许可证明文件编号、规格、数量、保质期、生产企业名称或者供货者名称及其联系方式、购销时间等。购销台账保存期限不得少于2年。

七、常见饲料、饲料添加剂生产经营使用违法行为及法律责任

根据《饲料和饲料添加剂管理条例》，常见饲料、饲料添加剂生产经营使用违法行为及法律责任见表2-4。

表2-4　常见饲料、饲料添加剂生产经营使用违法行为及法律责任

<table>
<tr><th>违法行为</th><th>法律责任</th></tr>
<tr><td>不符合条件经营饲料、饲料添加剂</td><td>由县级人民政府饲料管理部门责令限期改正；逾期不改正的，没收违法所得和违法经营的产品，违法经营的产品货值金额不足1万元的，并处2 000元以上2万元以下罚款，货值金额1万元以上的，并处货值金额2倍以上5倍以下罚款；情节严重的，责令停止经营，并通知工商行政管理部门，由工商行政管理部门吊销营业执照</td></tr>
<tr><td>经营无产品标签、无生产许可证、无产品质量检验合格证的饲料、饲料添加剂的</td><td rowspan="3">由县级人民政府饲料管理部门责令改正，没收违法所得和违法经营的产品，违法经营的产品货值金额不足1万元的，并处2 000元以上2万元以下罚款，货值金额1万元以上的，并处货值金额2倍以上5倍以下罚款；情节严重的，责令停止经营，并通知工商行政管理部门，由工商行政管理部门吊销营业执照；构成犯罪的，依法追究刑事责任</td></tr>
<tr><td>经营无产品批准文号的饲料添加剂、添加剂预混合饲料的</td></tr>
<tr><td>经营未取得新饲料、新饲料添加剂证书的新饲料、新饲料添加剂或者未取得饲料、饲料添加剂进口登记证的进口饲料、进口饲料添加剂以及禁用的饲料、饲料添加剂的</td></tr>
</table>

（续表）

违法行为	法律责任
使用无产品标签、无生产许可证、无产品质量检验合格证的饲料、饲料添加剂的	由县级人民政府饲料管理部门没收违法使用的产品和非法添加物质，对单位处1万元以上5万元以下罚款，对个人处5 000元以下罚款；构成犯罪的，依法追究刑事责任
使用无产品批准文号的饲料添加剂、添加剂预混合饲料的	
使用未取得新饲料、新饲料添加剂证书的新饲料、新饲料添加剂或者未取得饲料、饲料添加剂进口登记证的进口饲料、进口饲料添加剂的	
在饲料或者动物饮用水中添加饲料添加剂，不遵守国务院农业行政主管部门制定的饲料添加剂安全使用规范的	由县级人民政府饲料管理部门责令改正，没收违法所得和违法经营的产品，并处2 000元以上1万元以下罚款
使用自行配制的饲料，不遵守国务院农业行政主管部门制定的自行配制饲料使用规范的	
在反刍动物饲料中添加乳和乳制品以外的动物源性成分的	
对饲料、饲料添加剂进行拆包、分装的	
不依照本条例规定实行产品购销台账制度的	
经营的饲料、饲料添加剂失效、霉变或者超过保质期的	
在生产、经营过程中，以非饲料、非饲料添加剂冒充饲料、饲料添加剂或者以此种饲料、饲料添加剂冒充他种饲料、饲料添加剂的	由县级以上地方人民政府饲料管理部门责令停止生产、经营，没收违法所得和违法生产、经营的产品，违法生产、经营的产品货值金额不足1万元的，并处2 000元以上2万元以下罚款，货值金额1万元以上的，并处货值金额2倍以上5倍以下罚款；构成犯罪的，依法追究刑事责任；饲料、饲料添加剂生产企业有此类行为的，情节严重的，由发证机关吊销、撤销相关许可证明文件；饲料、饲料添加剂经营者有此类行为的，情节严重的，通知工商行政管理部门，由工商行政管理部门吊销营业执照
生产、经营无产品质量标准或者不符合产品质量标准的饲料、饲料添加剂的	
生产、经营的饲料、饲料添加剂与标签标示的内容不一致的	

第六节　农业机械管理

一、农业机械的定义

根据 2019 年修订的《农业机械安全监督管理条例》第二条第二款规定，农业机械是指用于农业生产及其产品初加工等相关农事活动的机械、设备。

从该定义可以看出，农业机械包括农用动力机械、农田建设机械、土壤耕作机械、种植和施肥机械、植物保护机械、农田排灌机械、作物收获机械、农产品加工机械、畜牧业机械和农业运输机械等。

二、禁止生产、销售的农业机械类型

（1）不符合农业机械安全技术标准的。

（2）依法实行工业产品生产许可证管理而未取得许可证的。

（3）依法必须进行认证而未经认证的。

（4）利用残次零配件或者报废农业机械的发动机、方向机、变速器、车架等部件拼装的。

（5）国家明令淘汰的。

三、从事农机维修的条件

从事农业机械维修经营，应当有必要的维修场地，有必要的维修设施、设备和检测仪器，有相应的维修技术人员，有安全防护和环境保护措施。

四、农机维修经营者要遵守的规定

农业机械维修经营者应当遵守国家有关维修质量安全技术规范和维修质量保证期的规定，确保维修质量。

从事农业机械维修不得有下列行为。

（1）使用不符合农业机械安全技术标准的零配件。

（2）拼装、改装农业机械整机。

（3）承揽维修已经达到报废条件的农业机械。

（4）法律、法规和国务院农业机械化主管部门规定的其他禁止性行为。

五、拖拉机、联合收割机投入使用前的注册登记

拖拉机、联合收割机投入使用前，其所有人应当按照国务院农业机械化主管部门的规定，持本人身份证明和机具来源证明，向所在地县级人民政府农业机械化主管部门申请登记。拖拉机、联合收割机经安全检验合格的，农业机械化主管部门应当在 2 个工作日内予以登记并核发相应的证书和牌照。

拖拉机、联合收割机使用期间登记事项发生变更的，其所有人应当按照国务院农业机械化主管部门的规定申请变更登记。

六、操作拖拉机、联合收割机要取得驾驶证

拖拉机、联合收割机操作人员经过培训后，应当按照国务院农业机械化主管部门的规定，参加县级人民政府农业机械化主管部门组织的考试。考试合格的，农业机械化主管部门应当在 2 个工作日内核发相应的操作证件。

拖拉机、联合收割机操作证件有效期为 6 年；有效期满，拖拉机、联合收割机操作人员可以向原发证机关申请续展。未满

18周岁不得操作拖拉机、联合收割机。操作人员年满70周岁的，县级人民政府农业机械化主管部门应当注销其操作证件。

七、拖拉机、联合收割机操作人员的禁止行为

（1）操作与本人操作证件规定不相符的拖拉机、联合收割机。

（2）操作未按照规定登记、检验或者检验不合格、安全设施不全、机件失效的拖拉机、联合收割机。

（3）使用国家管制的精神药品、麻醉品后操作拖拉机、联合收割机。

（4）患有妨碍安全操作的疾病操作拖拉机、联合收割机。

（5）国务院农业机械化主管部门规定的其他禁止行为。

禁止使用拖拉机、联合收割机违反规定载人。

八、农业机械操作人员的安全规定

农业机械操作人员作业前，应当对农业机械进行安全查验；作业时，应当遵守国务院农业机械化主管部门和省、自治区、直辖市人民政府农业机械化主管部门制定的安全操作规程。

九、拖拉机、联合收割机的安全技术检验

县级以上地方人民政府农业机械化主管部门应当定期对危及人身财产安全的农业机械进行免费实地安全检验。拖拉机、联合收割机的安全检验为每年1次。

十、农业机械产品质量问题的投诉

使用操作过程中发现农业机械存在产品质量、维修质量问题的，当事人可以向县级以上地方人民政府农业机械化主管部门或

者市场监督管理部门投诉。

十一、常见农机维修、操作的违法行为及法律责任

根据《农业机械安全监督管理条例》，常见农机维修、操作的违法行为及法律责任见表 2–5。

表 2–5　常见农机维修、操作的违法行为及法律责任

违法行为	法律责任
从事农业机械维修经营不符合条件	由县级以上地方人民政府农业机械化主管部门责令改正；拒不改正的，处 5 000 元以上 1 万元以下罚款
农业机械维修经营者使用不符合农业机械安全技术标准的配件维修农业机械，或者拼装、改装农业机械整机，或者承揽维修已经达到报废条件的农业机械	由县级以上地方人民政府农业机械化主管部门责令改正，没收违法所得，并处违法经营额 1 倍以上 2 倍以下罚款；拒不改正的，处违法经营额 2 倍以上 5 倍以下罚款
未按照规定办理登记手续并取得相应的证书和牌照，擅自将拖拉机、联合收割机投入使用，或者未按照规定办理变更登记手续	由县级以上地方人民政府农业机械化主管部门责令限期补办相关手续；逾期不补办的，责令停止使用；拒不停止使用的，扣押拖拉机、联合收割机，并处 200 元以上 2 000 元以下罚款
伪造、变造或者使用伪造、变造的拖拉机、联合收割机证书和牌照的，或者使用其他拖拉机、联合收割机的证书和牌照	由县级以上地方人民政府农业机械化主管部门收缴伪造、变造或者使用的证书和牌照，对违法行为人予以批评教育，并处 200 元以上 2 000 元以下罚款
未取得拖拉机、联合收割机操作证件而操作拖拉机、联合收割机	由县级以上地方人民政府农业机械化主管部门责令改正，处 100 元以上 500 元以下罚款
拖拉机、联合收割机操作人员操作与本人操作证件规定不相符的拖拉机、联合收割机，或者操作未按照规定登记、检验或者检验不合格、安全设施不全、机件失效的拖拉机、联合收割机，或者使用国家管制的精神药品、麻醉品后操作拖拉机、联合收割机，或者患有妨碍安全操作的疾病操作拖拉机、联合收割机	由县级以上地方人民政府农业机械化主管部门对违法行为人予以批评教育，责令改正；拒不改正的，处 100 元以上 500 元以下罚款；情节严重的，吊销有关人员的操作证件

（续表）

违法行为	法律责任
使用拖拉机、联合收割机违反规定载人	由县级以上地方人民政府农业机械化主管部门对违法行为人予以批评教育，责令改正；拒不改正的，扣押拖拉机、联合收割机的证书、牌照；情节严重的，吊销有关人员的操作证件。非法从事经营性道路旅客运输的，由交通主管部门依照道路运输管理法律、行政法规处罚
经检验、检查发现农业机械存在事故隐患，经农业机械化主管部门告知拒不排除并继续使用	由县级以上地方人民政府农业机械化主管部门对违法行为人予以批评教育，责令改正；拒不改正的，责令停止使用；拒不停止使用的，扣押存在事故隐患的农业机械

第三章　产品质量安全

第一节　食品安全

一、食用农产品的定义

2021 年修正的《中华人民共和国食品安全法》（以下简称《食品安全法》）第二条的第二款，将“供食用的源于农业的初级产品”界定为“食用农产品”。

关于农业初级产品的范围，《农业部　食品药品监管总局关于加强食用农产品质量安全监督管理工作的意见》（农质发〔2014〕14 号）有更具体的规定，即在农业活动中获得的，供人食用的植物、动物、微生物及其产品。“农业活动”既包括传统的种植、养殖、采摘、捕捞等农业活动，也包括设施农业、生物工程等现代农业活动。“植物、动物、微生物及其产品”是指在农业活动中直接获得的以及经过分拣、去皮、剥壳、粉碎、清洗、切制、冷冻、打蜡、分级、包装等加工，但未改变其基本自然性状和化学性质的产品。

二、食品安全标准

食品安全标准是强制执行的标准。除食品安全标准外，不得制定其他食品强制性标准。

食品安全标准应当包括下列内容。

（1）食品、食品添加剂、食品相关产品中的致病性微生物，农药残留、兽药残留、生物毒素、重金属等污染物质以及其他危害人体健康物质的限量规定。

（2）食品添加剂的品种、使用范围、用量。

（3）专供婴幼儿和其他特定人群的主辅食品的营养成分要求。

（4）对与卫生、营养等食品安全要求有关的标签、标志、说明书的要求。

（5）食品生产经营过程的卫生要求。

（6）与食品安全有关的质量要求。

（7）与食品安全有关的食品检验方法与规程。

（8）其他需要制定为食品安全标准的内容。

三、食品生产经营的要求

根据《食品安全法》第三十三条，食品生产经营应当符合食品安全标准，并符合下列要求。

（1）具有与生产经营的食品品种、数量相适应的食品原料处理和食品加工、包装、贮存等场所，保持该场所环境整洁，并与有毒、有害场所以及其他污染源保持规定的距离。

（2）具有与生产经营的食品品种、数量相适应的生产经营设备或者设施，有相应的消毒、更衣、盥洗、采光、照明、通风、防腐、防尘、防蝇、防鼠、防虫、洗涤以及处理废水、存放垃圾和废弃物的设备或者设施。

（3）有专职或者兼职的食品安全专业技术人员、食品安全管理人员和保证食品安全的规章制度。

（4）具有合理的设备布局和工艺流程，防止待加工食品与直接入口食品、原料与成品交叉污染，避免食品接触有毒物、不洁物。

（5）餐具、饮具和盛放直接入口食品的容器，使用前应当洗净、消毒，炊具、用具用后应当洗净，保持清洁。

（6）贮存、运输和装卸食品的容器、工具和设备应当安全、无害，保持清洁，防止食品污染，并符合保证食品安全所需的温度、湿度等特殊要求，不得将食品与有毒、有害物品一同贮存、运输。

（7）直接入口的食品应当使用无毒、清洁的包装材料、餐具、饮具和容器。

（8）食品生产经营人员应当保持个人卫生，生产经营食品时，应当将手洗净，穿戴清洁的工作衣、帽等；销售无包装的直接入口食品时，应当使用无毒、清洁的容器、售货工具和设备。

（9）用水应当符合国家规定的生活饮用水卫生标准。

（10）使用的洗涤剂、消毒剂应当对人体安全、无害。

（11）法律、法规规定的其他要求。

四、禁止生产经营的食品、食品添加剂、食品相关产品

《食品安全法》第三十四条规定，禁止生产经营下列食品、食品添加剂、食品相关产品。

（1）用非食品原料生产的食品或者添加食品添加剂以外的化学物质和其他可能危害人体健康物质的食品，或者用回收食品作为原料生产的食品。

（2）致病性微生物，农药残留、兽药残留、生物毒素、重金属等污染物质以及其他危害人体健康的物质含量超过食品安全标准限量的食品、食品添加剂、食品相关产品。

（3）用超过保质期的食品原料、食品添加剂生产的食品、

食品添加剂。

(4) 超范围、超限量使用食品添加剂的食品。

(5) 营养成分不符合食品安全标准的专供婴幼儿和其他特定人群的主辅食品。

(6) 腐败变质、油脂酸败、霉变生虫、污秽不洁、混有异物、掺假掺杂或者感官性状异常的食品、食品添加剂。

(7) 病死、毒死或者死因不明的禽、畜、兽、水产动物肉类及其制品。

(8) 未按规定进行检疫或者检疫不合格的肉类，或者未经检验或者检验不合格的肉类制品。

(9) 被包装材料、容器、运输工具等污染的食品、食品添加剂。

(10) 标注虚假生产日期、保质期或者超过保质期的食品、食品添加剂。

(11) 无标签的预包装食品、食品添加剂。

(12) 国家为防病等特殊需要明令禁止生产经营的食品。

(13) 其他不符合法律、法规或者食品安全标准的食品、食品添加剂、食品相关产品。

五、销售食用农产品的要求

食用农产品的质量安全管理应遵守《中华人民共和国农产品质量安全法》的规定。但是，食用农产品的市场销售、有关质量安全标准的制定、有关安全信息的公布和《食品安全法》已对农业投入品作出规定的，应当遵守《食品安全法》的规定。

《食品安全法》明确规定，国家对食品生产经营实行许可制度。但是，销售食用农产品不需要取得许可。然而这并不表示国家对食用农产品的安全管理有所放松。恰恰相反，国家对食用农产品实行严格监管，因为食用农产品不仅可能会直接被端上人们的餐桌，而且很多时候是其他食品的生产原料，是食品生产流通的源头。

六、依法生产经营食用农产品

食用农产品生产者应当按照食品安全标准和国家有关规定使用农药、肥料、兽药、饲料和饲料添加剂等农业投入品，严格执行农业投入品使用安全间隔期或者休药期的规定，不得使用国家明令禁止的农业投入品。禁止将剧毒、高毒农药用于蔬菜、瓜果、茶叶和中草药材等国家规定的农作物。

食用农产品的生产企业和农民专业合作经济组织应当建立农业投入品使用记录制度。县级以上人民政府农业行政部门也应当加强对农业投入品使用的监督管理和指导，建立健全农业投入品的安全使用制度。

第二节　农产品质量安全

一、农产品质量安全的定义

为了保障农产品质量安全，维护公众健康，促进农业和农村经济发展，《中华人民共和国农产品质量安全法》经2006年4月29日第十届全国人民代表大会常务委员会第二十一次会议通过，中华人民共和国主席令（第四十九号）公布，历经2018年修正，2022年修订，共八章节八十一条。

根据2022年修订的《中华人民共和国农产品质量安全法》第二条第二款规定，农产品质量安全是指农产品质量达到农产品质量安全标准，符合保障人的健康、安全的要求。

二、农产品质量安全标准

农产品质量安全标准是强制执行的标准，包括以下与农产品质量安全有关的要求。

（1）农业投入品质量要求、使用范围、用法、用量、安全间隔期和休药期规定。

（2）农产品产地环境、生产过程管控、储存、运输要求。

（3）农产品关键成分指标等要求。

（4）与屠宰畜禽有关的检验规程。

（5）其他与农产品质量安全有关的强制性要求。

三、防止农产品产地污染的方法

农产品生产者应当科学合理使用农药、兽药、肥料、农用薄膜等农业投入品，防止对农产品产地造成污染。

农药、肥料、农用薄膜等农业投入品的生产者、经营者、使用者应当按照国家有关规定回收并妥善处置包装物和废弃物。

任何单位和个人不得违反有关环境保护法律、法规的规定向农产品产地排放或者倾倒废水、废气、固体废物或者其他有毒有害物质。

四、农产品生产记录包含的事项

农产品生产企业、农民专业合作社、农业社会化服务组织应当建立农产品生产记录，如实记载下列事项。

（1）使用农业投入品的名称、来源、用法、用量和使用、停用的日期。

（2）动物疫病、农作物病虫害的发生和防治情况。

（3）收获、屠宰或者捕捞的日期。

农产品生产记录应当至少保存二年。禁止伪造、变造农产品生产记录。

五、农产品生产经营者保证农产品质量安全的措施

农产品生产经营者应当依照有关法律、行政法规和国家有关强制性标准、国务院农业农村主管部门的规定，科学合理使用农药、兽药、饲料和饲料添加剂、肥料等农业投入品，严格执行农业投入品使用安全间隔期或者休药期的规定；不得超范围、超剂量使用农业投入品危及农产品质量安全。

禁止在农产品生产经营过程中使用国家禁止使用的农业投入品以及其他有毒有害物质。

农产品生产企业、农民专业合作社应当根据质量安全控制要求自行或者委托检测机构对农产品质量安全进行检测；经检测不符合农产品质量安全标准的农产品，应当及时采取管控措施，且不得销售。

六、农产品在包装、保鲜、储存、运输中所用试剂、材料、器具的规定

农产品在包装、保鲜、储存、运输中所使用的保鲜剂、防腐剂、添加剂、包装材料等，应当符合国家有关强制性标准以及其他农产品质量安全规定。

储存、运输农产品的容器、工具和设备应当安全、无害。禁止将农产品与有毒有害物质一同储存、运输，防止污染农产品。

七、农产品不得销售的情形

有下列情形之一的农产品，不得销售。

(1) 含有国家禁止使用的农药、兽药或者其他化合物。

（2）农药、兽药等化学物质残留或者含有的重金属等有毒有害物质不符合农产品质量安全标准。

（3）含有的致病性寄生虫、微生物或者生物毒素不符合农产品质量安全标准。

（4）未按照国家有关强制性标准以及其他农产品质量安全规定使用保鲜剂、防腐剂、添加剂、包装材料等，或者使用的保鲜剂、防腐剂、添加剂、包装材料等不符合国家有关强制性标准以及其他质量安全规定。

（5）病死、毒死或者死因不明的动物及其产品。

（6）其他不符合农产品质量安全标准的情形。

八、农产品批发市场和销售企业要保障待售产品质量安全

农产品批发市场应当按照规定设立或者委托检测机构，对进场销售的农产品质量安全状况进行抽查检测；发现不符合农产品质量安全标准的，应当要求销售者立即停止销售，并向所在地市场监督管理、农业农村等部门报告。

农产品销售企业对其销售的农产品，应当建立健全进货检查验收制度；经查验不符合农产品质量安全标准的，不得销售。

九、农产品包装物或标识应遵守的规定

农产品生产企业、农民专业合作社以及从事农产品收购的单位或者个人销售的农产品，按照规定应当包装或者附加承诺达标合格证等标识的，须经包装或者附加标识后方可销售。包装物或者标识上应当按照规定标明产品的品名、产地、生产者、生产日期、保质期、产品质量等级等内容；使用添加剂的，还应当按照规定标明添加剂的名称。

属于农业转基因生物的农产品，应当按照农业转基因生物安

全管理的有关规定进行标识。

十、开具承诺达标合格证应遵守的规定

农产品生产企业、农民专业合作社应当执行法律、法规的规定和国家有关强制性标准，保证其销售的农产品符合农产品质量安全标准，并根据质量安全控制、检测结果等开具承诺达标合格证，承诺不使用禁用的农药、兽药及其他化合物且使用的常规农药、兽药残留不超标等。鼓励和支持农户销售农产品时开具承诺达标合格证。

十一、网络平台销售农产品应遵守的规定

农产品生产经营者通过网络平台销售农产品的，应当依照《中华人民共和国农产品质量安全法》《中华人民共和国电子商务法》《食品安全法》等法律、法规的规定，严格落实质量安全责任，保证其销售的农产品符合质量安全标准。网络平台经营者应当依法加强对农产品生产经营者的管理。

十二、执法机构开展农产品质量安全监督检查，有权采取的措施

（1）进入生产经营场所进行现场检查，调查了解农产品质量安全的有关情况。

（2）查阅、复制农产品生产记录、购销台账等与农产品质量安全有关的资料。

（3）抽样检测生产经营的农产品和使用的农业投入品以及其他有关产品。

（4）查封、扣押有证据证明存在农产品质量安全隐患或者经检测不符合农产品质量安全标准的农产品。

（5）查封、扣押有证据证明可能危及农产品质量安全或者经检测不符合产品质量标准的农业投入品以及其他有毒有害物质。

（6）查封、扣押用于违法生产经营农产品的设施、设备、场所以及运输工具。

（7）收缴伪造的农产品质量标志。

农产品生产经营者应当协助、配合农产品质量安全监督检查，不得拒绝、阻挠。

第三节　农业转基因生物安全管理

一、农业转基因生物安全的定义

（一）农业转基因生物的定义

根据 2017 年修订的《农业转基因生物安全管理条例》第三条规定，农业转基因生物是指利用基因工程技术改变基因组构成，用于农业生产或者农产品加工的动植物、微生物及其产品，主要包括：

（1）转基因动植物（含种子、种畜禽、水产苗种）和微生物；

（2）转基因动植物、微生物产品；

（3）转基因农产品的直接加工品；

（4）含有转基因动植物、微生物或者其产品成份的种子、种畜禽、水产苗种、农药、兽药、肥料和添加剂等产品。

（二）农业转基因生物安全的定义

农业转基因生物安全是指防范农业转基因生物对人类、动植物、微生物和生态环境构成的危险或者潜在风险。

二、农业转基因生物安全管理的法规体系

《农业转基因生物安全管理条例》规范了中国农业转基因生物的监管制度。

该条例通过以下措施执行。

（1）《农业转基因生物安全评价管理办法》（2002 年 1 月 5 日发布，最新版本于 2022 年 1 月 21 日发布）。

（2）《农业转基因生物进口安全管理办法》（2002 年 1 月 5 日发布，最新版本于 2017 年 11 月 30 日发布）。

（3）《农业转基因生物标识管理办法》（2002 年 1 月 5 日发布，最新版本于 2017 年 11 月 30 日发布）。

（4）《农业转基因生物加工审批办法》（2006 年 1 月 27 日公布，最新版本于 2019 年 4 月 25 日发布）。

（5）以农业农村部公告形式发布的技术指南、标准和程序。

（6）国家质量监督检验检疫总局令第 62 号《进出境转基因产品检验检疫管理办法》（2004 年 5 月 24 日起实施，最新版本于 2023 年 3 月 9 日发布）。

三、农业转基因生物的安全等级

（一）安全等级类型

《农业转基因生物安全评价管理办法》第九条规定，农业转基因生物安全实行分级评价管理。

按照对人类、动植物、微生物和生态环境的危险程度，将农业转基因生物分为以下 4 个等级。

安全等级Ⅰ：尚不存在危险。

安全等级Ⅱ：具有低度危险。

安全等级Ⅲ：具有中度危险。

安全等级Ⅳ：具有高度危险。

（二）等级评价步骤

《农业转基因生物安全评价管理办法》第十条规定，农业转基因生物安全评价和安全等级的确定按以下步骤进行。

（1）确定受体生物的安全等级。

（2）确定基因操作对受体生物安全等级影响的类型。

（3）确定转基因生物的安全等级。

（4）确定生产、加工活动对转基因生物安全性的影响。

（5）确定转基因产品的安全等级。

四、农业转基因生物加工的资质

在中华人民共和国境内从事农业转基因生物加工的单位和个人，应当取得加工所在地省级人民政府农业行政主管部门颁发的《农业转基因生物加工许可证》。

从事农业转基因生物加工的单位和个人，除应当符合有关法律、法规规定的设立条件外，还应当具备下列条件。

（1）与加工农业转基因生物相适应的专用生产线和封闭式仓储设施。

（2）加工废弃物及灭活处理的设备和设施。

（3）农业转基因生物与非转基因生物原料加工转换污染处理控制措施。

（4）完善的农业转基因生物加工安全管理制度。包括：①原料采购、运输、贮藏、加工、销售管理档案；②岗位责任制度；③农业转基因生物扩散等突发事件应急预案；④农业转基因生物安全管理小组，具备农业转基因生物安全知识的管理人员、技术人员。

五、我国对农业转基因产品标识的规定

我国对转基因生物实行目录标识制。凡是列入标识目录并用于销售的农业转基因生物，应当进行标识。

标识的标注方法如下。

（1）转基因动植物（含种子、种畜禽、水产苗种）和微生物，转基因动植物、微生物产品，含有转基因动植物、微生物或者其产品成分的种子、种畜禽、水产苗种、农药、兽药、肥料和添加剂等产品，直接标注“转基因××”。

（2）转基因农产品的直接加工品，标注为“转基因××加工品（制成品）”或者“加工原料为转基因××”。

（3）用农业转基因生物或用含有农业转基因生物成分的产品加工制成的产品，但最终销售产品中已不再含有或检测不出转基因成分的产品，标注为“本产品为转基因××加工制成，但本产品中已不再含有转基因成分”或者标注为“本产品加工原料中有转基因××，但本产品中已不再含有转基因成分”。

对转基因产品进行标识，是为了保护消费者的知情权和选择权。已批准上市的转基因产品均通过了安全评价并获得了安全许可，安全性不存在问题。

第四章　自然资源和环境保护

第一节　水资源保护

一、保护水资源概述

水是自然环境中一个不可缺少的重要因素，是人类生活不能离开的资源。水资源，是指地表水和地下水。地表水包括江河水、湖沼水，以及地上的冰川等；地下水是指地表以下的水。地表水与地下水相互转化，难以绝对分开。

水资源是一种可再生的动态资源，与大气层降水、地表水与地下水相互转化密切相关。总的来说，我国水资源是不丰富的。因此，开发利用水资源和防治水害，应当综合考虑地表水和地下水的特点，兼顾上下游、左右岸和地区之间的利益，根据近期与远期相结合的原则，按流域或者区域进行统一规划。我国为了合理开发、利用、节约和保护水资源，防治水害，实现水资源的可持续，适应国民经济和社会发展的需要，制定《中华人民共和国水法》。

二、水资源保护与节约

（一）开发利用水资源，应注意维护生态环境

水是可再生的资源，应考虑既满足防洪、灌溉、发电、供水、航运、水生生物、旅游等方面的需要，也应考虑到生态环境

的需要。

（二）节约用水

我国水资源总量并不丰富，人均占有量更低。2022 年，我国水资源总量居世界第六位，人均占有量为 2 240 米^3，约为世界人均占水量的 1/4。为此，我国人民必须节约用水。

农业用水的有效利用率一般只有 25%~40%。应通过改进灌溉技术，提高利用率，降低亩均耗水量。节约生活用水，主要是要把用水的多少和用户的经济利益结合起来，运用经济手段节约用水。国家对直接从地下或者江河、湖泊取水的，实行取水许可制度和水资源有偿使用制度。

（三）水域、水工程保护

水域，包括江、河、湖、海、水库等一切水面。水工程保护是指保护航道、堤防、护岸和水工程等设施；保护地下水资源，防止地面沉降；禁止围湖造地，禁止围垦河道等。

《中华人民共和国水法》规定，禁止在江河、湖泊、水库、运河、渠道内弃置、堆放阻碍行洪的物体和种植阻碍行洪的林木及高秆作物。禁止在河道管理范围内建设妨碍行洪的建筑物、构筑物以及从事影响河势稳定、危害河岸堤防安全和其他妨碍河道行洪的活动。禁止围湖造地。已经围垦的，应当按照国家规定的防洪标准有计划地退地还湖。禁止围垦河道。确需围垦的，应当经过科学论证，经省、自治区、直辖市人民政府水行政主管部门或者国务院水行政主管部门同意后，报本级人民政府批准。

第二节　耕地资源保护

一、依法保护耕地资源

保护耕地资源，是指合理利用土地保持足够的耕地的同时，要保护提高耕地的质量，改良土壤，培育地力，提高其生产能力。

2014年修订的《中华人民共和国环境保护法》第三十三条规定，各级人民政府应当加强对农业环境的保护，促进农业环境保护新技术的使用，加强对农业污染源的监测预警，统筹有关部门采取措施，防治土壤污染和土地沙化、盐渍化、贫瘠化、石漠化、地面沉降以及防治植被破坏、水土流失、水体富营养化、水源枯竭、种源灭绝等生态失调现象，推广植物病虫害的综合防治。

《土地管理法》第三十六条规定，各级人民政府应当采取措施，引导因地制宜轮作休耕，改良土壤，提高地力，维护排灌工程设施，防止土地荒漠化、盐渍化、水土流失和土壤污染。

二、非农业建设占用耕地补偿制度

《土地管理法》第三十条规定，国家保护耕地，严格控制耕地转为非耕地。国家实行占用耕地补偿制度。非农业建设经批准占用耕地的，按照“占多少，垦多少”的原则，由占用耕地的单位负责开垦与所占用耕地的数量和质量相当的耕地；没有条件开垦或者开垦的耕地不符合要求的，应当按照省、自治区、直辖市的规定缴纳耕地开垦费，专款用于开垦新的耕地。

三、基本农田保护制度

国家实行永久基本农田保护制度。下列耕地应当根据土地利用总体规划划为永久基本农田，实行严格保护。

（1）经国务院农业农村主管部门或者县级以上地方人民政府批准确定的粮、棉、油、糖等重要农产品生产基地内的耕地。

（2）有良好的水利与水土保持设施的耕地，正在实施改造计划以及可以改造的中、低产田和已建成的高标准农田。

（3）蔬菜生产基地。

（4）农业科研、教学试验田。

（5）国务院规定应当划为永久基本农田的其他耕地。

各省、自治区、直辖市划定的永久基本农田一般应当占本行政区域内耕地的百分之八十以上，具体比例由国务院根据各省、自治区、直辖市耕地实际情况规定。

四、土地复垦和恢复植被

土地复垦是指对生产建设活动和自然灾害损毁的土地，采取整治措施，使其达到可供利用状态的活动。

《土地管理法》第四十二条规定，国家鼓励土地整理。县、乡（镇）人民政府应当组织农村集体经济组织，按照土地利用总体规划，对田、水、路、林、村综合整治，提高耕地质量，增加有效耕地面积，改善农业生产条件和生态环境。地方各级人民政府应当采取措施，改造中、低产田，整治闲散地和废弃地。

《土地管理法》第四十三条规定，因挖损、塌陷、压占等造成土地破坏，用地单位和个人应当按照国家有关规定负责复垦；没有条件复垦或者复垦不符合要求的，应当缴纳土地复垦费，专项用于土地复垦。复垦的土地应当优先用于农业。

第三节　矿产资源保护

一、矿产资源保护概述

（一）矿产资源定义

矿产资源，是指可以用于生产和生活在地壳中或地表某处聚集起来的具有开采价值的矿物。它是人类赖以生存和发展的重要物质基础，又是人类可以利用但又不可再生的自然资源。

矿产资源包括：呈固、液、气体状态的各种金属矿产、非金属矿产、燃料矿产、地下热能等。我国的矿产资源非常丰富，是世界上矿产种类比较齐全的国家之一。必须合理利用、有效保护，做到合理开发，充分利用。

（二）合理开发利用

《中华人民共和国矿产资源法》（以下简称《矿产资源法》）不但规定了国家保障矿产资源的合理开发利用，禁止任何组织或者个人用任何手段侵占或者破坏矿产资源，而且授权各级人民政府必须加强矿产资源的保护工作。国家对矿产资源的勘查、开发实行统一规划、合理布局、综合勘查、合理开采和综合利用的方针。禁止乱挖滥采，破坏矿产资源。

（三）防止恶化环境

它是指在矿产资源的勘查、开发利用工作中使环境质量恶化的情况必须防止。耕地、草原、林地因采矿受到破坏的，矿山企业应当因地制宜地采取复垦利用、植树种草或者其他利用措施。

（四）防止污染环境

它是指在开采矿产资源时不得污染环境。《矿产资源法》规定，开采矿产资源，必须遵守有关环境保护的法律规定，防止污染环境。

二、采矿许可证制度

采矿许可证是开发矿产资源许可证，目前，国家根据矿产资源的不同情况，授权不同的部门审批颁发。

第四节　森林资源保护

一、森林资源的定义

森林资源，包括森林、林木、林地以及依托森林、林木、林地生存的野生动物、植物和微生物。森林，包括乔木林和竹林。林木，包括树木和竹子。林地，包括郁闭度 0.2 以上的乔木林地以及竹林地、灌木林地、疏林地、采伐迹地、火烧迹地、未成林造林地、苗圃地和县级以上人民政府规划的宜林地。森林不仅生产木材和其他林产品，而且能调节气候、保持水土、防风固沙和防止大气污染，它是人类可持续利用、可更新的资源。

新修订的《森林法》2020 年 7 月 1 日起开始施行。在中华人民共和国领域内从事森林、林木的保护、培育、利用和森林、林木、林地的经营管理活动，适用《森林法》。

二、森林保护

(1) 保护、培育、利用森林资源应当尊重自然、顺应自然，坚持生态优先、保护优先、保育结合、可持续发展的原则。

(2) 国家实行天然林全面保护制度，严格限制天然林采伐，加强天然林管护能力建设，保护和修复天然林资源，逐步提高天然林生态功能。

(3) 禁止毁林开垦、采石、采砂、采土以及其他毁坏林木和林地的行为。禁止向林地排放重金属或者其他有毒有害物质含量超标的污水、污泥，以及可能造成林地污染的清淤底泥、尾矿、矿渣等。禁止在幼林地砍柴、毁苗、放牧。禁止擅自移动或者损坏森林保护标志。

（4）国家保护古树名木和珍贵树木。禁止破坏古树名木和珍贵树木及其自然生境。

三、植树造林

国家鼓励公民通过植树造林、抚育管护、认建认养等方式参与造林绿化。植树造林、保护森林，是公民应尽的义务。

（1）提高森林覆盖率。森林覆盖率是反映林业现代化内含的重要指标，是林业经济发展的基础。森林覆盖率的不断提高，是实现林业现代化的一个主要条件。

（2）营造防护林。防护林是以防护为主要目的的森林、林木和灌木丛，包括水源涵养林、水土保持林、防风固沙林、农田防护林、牧场防护林、护岸林、护路林。

（3）建立用材林、经济林基地。用材林是以生产木材为主的森林和林木，包括以生产竹材为主要目的的竹林。经济林是以生产果品，食用油料、饮料、调料，工业原料和药材为主要目的的林木。

（4）植树造林。国家统筹城乡造林绿化，开展大规模国土绿化行动。每年 3 月 12 日为植树节。

四、森林经营

（一）森林经营的原则

国家以培育稳定、健康、优质、高效的森林生态系统为目标，对公益林和商品林实行分类经营管理，突出主导功能，发挥多种功能，实现森林资源永续利用。

（二）公益林经营

在符合公益林生态区位保护要求和不影响公益林生态功能的前提下，经科学论证，可以合理利用公益林林地资源和森林景观资源，适度开展林下经济、森林旅游等。

（三）商品林经营

商品林由林业经营者依法自主经营。在不破坏生态的前提下，可以采取集约化经营措施，合理利用森林、林木、林地，提高商品林经济效益。

在保障生态安全的前提下，国家鼓励建设速生丰产、珍贵树种和大径级的用材林，增加林木储备，保障木材供给安全。

（四）采伐许可证制度

符合林木采伐技术规程的，审核发放采伐许可证的部门应当及时核发采伐许可证。但是，审核发放采伐许可证的部门不得超过年采伐限额发放采伐许可证。

第五节　草原资源保护

一、草原资源保护概述

草原是指生长在温带气候半干旱、半湿润的地区，以旱生多年生草本植物为主体的植物群落，能够用作放牧和割草的场地。包括天然草场、人工改良草场、放牧场、打草场和草籽繁殖地。我国的草原资源对我国社会主义经济建设的发展起着重要作用。由于种种原因，草原的损害也较严重，草场退化、草原沙化增加、乱开滥垦破坏了草原植被，还有鼠、虫等侵害。因此，为了保持保障草原资源的永续利用，必须重视对草原资源的保护。

二、基本草原保护制度

2021 年修正的《草原法》规定，国家实行基本草原保护制度。下列草原应当划为基本草原，实施严格管理。

（1）重要放牧场。

（2）割草地。

（3）用于畜牧业生产的人工草地、退耕还草地以及改良草地、草种基地。

（4）对调节气候、涵养水源、保持水土、防风固沙具有特殊作用的草原。

（5）作为国家重点保护野生动植物生存环境的草原。

（6）草原科研、教学试验基地。

（7）国务院规定应当划为基本草原的其他草原。

三、草原植被保护

县级以上人民政府应当依法加强对草原珍稀濒危野生植物和种质资源的保护、管理。

国家对草原实行以草定畜、草畜平衡制度。县级以上地方人民政府草原行政主管部门应当按照国务院草原行政主管部门制定的草原载畜量标准，结合当地实际情况，定期核定草原载畜量。各级人民政府应当采取有效措施，防止超载过牧。

禁止开垦草原。对水土流失严重、有沙化趋势、需要改善生态环境的已垦草原，应当有计划、有步骤地退耕还草；已造成沙化、盐碱化、石漠化的，应当限期治理。

对严重退化、沙化、盐碱化、石漠化的草原和生态脆弱区的草原，实行禁牧、休牧制度。

国家支持依法实行退耕还草和禁牧、休牧。具体办法由国务院或者省、自治区、直辖市人民政府制定。

对在国务院批准规划范围内实施退耕还草的农牧民，按照国家规定给予粮食、现金、草种费补助。退耕还草完成后，由县级以上人民政府草原行政主管部门核实登记，依法履行土地用途变更手续，发放草原权属证书。

禁止在荒漠、半荒漠和严重退化、沙化、盐碱化、石漠化、水土流失的草原以及生态脆弱区的草原上采挖植物和从事破坏草原植被的其他活动。

在草原上从事采土、采砂、采石等作业活动，应当报县级人民政府草原行政主管部门批准；开采矿产资源的，并应当依法办理有关手续。

经批准在草原上从事采土、采砂、采石、开采矿产资源等活动的，应当在规定的时间、区域内，按照准许的采挖方式作业，并采取保护草原植被的措施。

在他人使用的草原上从事采土、采砂、采石、开采矿产资源等活动的，还应当事先征得草原使用者的同意。

在草原上种植牧草或者饲料作物，应当符合草原保护、建设、利用规划；县级以上地方人民政府草原行政主管部门应当加强监督管理，防止草原沙化和水土流失。

在草原上开展经营性旅游活动，应当符合有关草原保护、建设、利用规划，并不得侵犯草原所有者、使用者和承包经营者的合法权益，不得破坏草原植被。

四、草原防火

草原防火工作贯彻预防为主、防消结合的方针。各级人民政府应当建立草原防火责任制，规定草原防火期，制定草原防火扑火预案，切实做好草原火灾的预防和扑救工作。

第六节　野生动植物保护

一、野生动物、植物的概念

野生动物是指非人工驯养的，生存于自然界的哺乳动物、鸟类、爬行动物、两栖动物、鱼类、软体动物、昆虫、腔肠动物等。我国是世界上野生动物种类最丰富的国家之一，必须加强对野生动物的保护，特别是对珍贵、濒危野生动物的保护。其中，我国特有或主要分布在我国的有熊猫、金丝猴、羚牛、白鱀豚和扬子鳄等。

野生植物是指自然生长的被子植物、裸子植物和蕨类植物。其中稀有、渐危、濒危的种类，称为珍稀野生植物。据统计，我国高等植物就有3万多种，其中，金钱松、台湾松、水松、珙桐和杜仲等为我国独有。

二、野生动物资源保护

（一）野生动物的保护

1. 野生动物的定义

2022年修订的《中华人民共和国野生动物保护法》（以下简称《野生动物保护法》）第二条第二款规定，保护的野生动物，是指珍贵、濒危的陆生、水生野生动物和有重要生态、科学、社会价值的陆生野生动物。

2. 国家对野生动物实行分类分级保护

《野生动物保护法》第十条规定，国家对野生动物实行分类分级保护。

国家对珍贵、濒危的野生动物实行重点保护。国家重点保护的野生动物分为一级保护野生动物和二级保护野生动物。国家重点保护野生动物名录，由国务院野生动物保护主管部门组织科学论证评估后，报国务院批准公布。例如，2021 年国务院公布的《国家重点保护野生动物名录》包括 980 种和 8 类野生动物，其中国家一级保护野生动物 234 种和 1 类，国家二级保护野生动物 746 种和 7 类。

有重要生态、科学、社会价值的陆生野生动物名录，由国务院野生动物保护主管部门征求国务院农业农村、自然资源、科学技术、生态环境、卫生健康等部门意见，组织科学论证评估后制定并公布。

地方重点保护野生动物，是指国家重点保护野生动物以外，由省、自治区、直辖市重点保护的野生动物。地方重点保护野生动物名录，由省、自治区、直辖市人民政府组织科学论证评估，征求国务院野生动物保护主管部门意见后制定、公布。

对野生动物名录，应当每五年组织科学论证评估，根据论证评估情况进行调整，也可以根据野生动物保护的实际需要及时进行调整。

3. 国家保护野生动物的措施

《野生动物保护法》第二十一条规定，禁止猎捕、杀害国家重点保护野生动物。因科学研究、种群调控、疫源疫病监测或者其他特殊情况，需要猎捕国家一级保护野生动物的，应当向国务院野生动物保护主管部门申请特许猎捕证；需要猎捕国家二级保护野生动物的，应当向省、自治区、直辖市人民政府野生动物保护主管部门申请特许猎捕证。

（二）野生植物的保护

1. 我国的野生植物资源

我国有许多十分珍贵稀有的树种，其中有许多中草药植物、香料植物和工业用植物等。合理地利用野生植物资源，保护野生珍稀植物，对发展经济、开展科学研究、改善自然环境都具有重要意义。

2. 野生植物保护的种类

（1）野生植物的分级保护。野生植物的分级保护，是指珍贵、稀有野生植物的保护。珍贵植物是指我国特产并具有极为重要的科研、经济或文化价值的植物；稀有植物是指分布区范围狭窄，生存环境比较独特或者分布区虽广但零星分散的植物。对这些野生植物及其生存环境，国家实行重点保护。

（2）自然保护区保护。国家建立自然保护区对野生植物进行保护，我国著名的植物保护区有鼎湖山自然保护区、丰林自然保护区、花坪自然保护区和金佛山自然保护区等。

（三）植物检疫专门法规保护

国家对植物检疫专门发布《植物检疫条例》，对植物检疫管理机构、植物检疫对象、植物检疫措施等均作了具体规定。

第七节　农业环境保护

一、农业环境概述

（一）农业环境的定义

农业环境是指农作物、林木、果树、畜禽和鱼类等农业生物赖以生存、发育、繁殖的自然环境，主要包括农田土壤、农业用水、空气、日光、温度等。当前由人类活动所引起的农业环境质量恶化，已成为妨害农业生物正常生长发育、破坏农业生态平衡的突出问题。

其中既有由农业外的人类活动引起的，也有由农业生产本身引起的。

(二) 来自农业外的污染与危害

1. 农区大气污染

全世界每年排入大气的废气中含400多种有毒物质，通常造成危害的有30余种。主要的有害物质有二氧化硫、氟化物、氯、光化学烟雾、粉尘。

2. 农业用水污染

由工矿企业排放的未经净化的废水、废渣、废气和城镇居民排放的生活污水是主要的污染源。农业用水中危害较大的污染物质主要有：①氰化物和酚、苯类；②三氯乙醛；③次氯酸；④油类；⑤洗涤剂（主要来自家庭生活污水）；⑥氮素过剩（城市污水和畜舍污水中均富含氮素）；⑦病原微生物。

3. 农田土壤污染

与农业用水污染密切有关。造成农田土壤污染的有毒物质主要有镉、汞、砷、铅、硒等。

此外，农业用水和农田土壤中的有害物质还常污染水体，对水产业造成危害。如：水中氰化物含量为0.3~0.5毫克/升就可使许多鱼类死亡。酚类可影响鱼类、贝类的发育繁殖。镉、汞和铅对鱼类生存的威胁也大。

(三) 来自农业本身的污染与危害

1. 农药污染

一些长效性农药如滴滴涕、六六六等。另外，农药的长期使用，还会因害虫的天敌被消灭和害虫、致病微生物产生抗药性而加剧病虫危害。

2. 化肥污染

长期过量施用化肥或施用不当可造成明显的环境污染或潜在性污染。

3. 盲目性的农事活动

对森林、草原以及水、土等农业自然资源不合理的开发利用等，也是恶化农业环境、破坏农业生态平衡的重要原因。

二、保护农业环境的措施

（一）控制和消除污染源

制定法律法规控制和消除污染，包括对污染物的净化处理、排放标准以及排放量和浓度的限制等。同时，辅以行政措施和经济制裁，如排污收费、污染罚款等。

（二）农业环境监测

目的在于迅速掌握农业环境污染的现状和动向，提供预报资料，以便及早采取相应措施。监测内容以危害农业环境的主要污染物为重点，在紧急情况下，可进行特定项目的监测。

（三）污染防治措施

1. 利用植物防治

选用具有较强抗性和耐污性的树种营造防污林带，以阻止大气污染物的扩散，并通过林网吸收污染物质等。某些对污染物敏感的植物，则可作为指示植物，用来监测大气污染。

2. 利用某些生物的自净能力

池、沼、库、塘、湖泊等水域中的某些水生生物除能将酚、氰等毒物分解成无毒物质外，对汞、镉、铬、锌等元素也有较强的吸收能力。

3. 耕作措施防治

对已被污染的土壤，除发挥土壤自然净化作用外，可通过深翻、刮土甚至换土等方法来消除污染。此外，增加土壤有机质含量可提高土壤的净化能力；施加石灰、磷酸盐、硅酸盐等可抑制植物对重金属的吸收。

4. 合理使用农药、化肥

禁用和限制使用剧毒农药和稳定性强的农药，发展高效、低毒、低残留农药，以及利用天敌，培养抗性品种，采取综合措施防治病虫害等。

5. 维护生态平衡

包括种植防护林，禁止对草原、森林和水域的不合理开发，以及保护和利用天敌等。

第五章　农村财政、金融与税收

第一节　财政支农政策

财政部、农业农村部发布的2022年重点强农惠农政策如下。

一、粮食生产支持

（一）实际种粮农民一次性补贴

为适当弥补农资价格上涨增加的种粮成本支出，保障种粮农民合理收益，中央财政对实际种粮农民发放一次性农资补贴，释放支持粮食生产积极信号，稳定农民收入，调动农民种粮积极性。补贴对象为实际承担农资价格上涨成本的实际种粮者，包括利用自有承包地种粮的农民，流转土地种粮的大户、家庭农场、农民合作社、农业企业等新型农业经营主体，以及开展粮食耕种收全程社会化服务的个人和组织，确保补贴资金落实到实际种粮者手中，提升补贴政策的精准性。补贴标准由各地区结合有关情况综合确定，原则上县域内补贴标准应统一。

（二）农机购置与应用补贴

开展农机购置与应用补贴试点，开展常态化作业信息化监测，优化补贴兑付方式，把作业量作为农机购置与应用补贴分步兑付的前置条件，为全面实施农机购置与应用补贴政策夯实基础。推进补贴机具有进有出、优机优补，推进北斗智能终端在农业生产领域应用。支持开展农机研发制造推广应用一体化试点。

（三）重点作物绿色高质高效行动

聚焦围绕粮食和大豆油料作物，集成推广新技术、新品种、新机具，打造一批优质强筋弱筋专用小麦、优质食味稻和专用加工早稻、高产优质玉米的粮食示范基地，同时集成示范推广高油高蛋白大豆、“双低”油菜等优质品种和区域化、标准化高产栽培技术模式，打造一批大豆油料高产攻关田，示范带动大范围均衡增产。适当兼顾蔬菜等经济作物，建设绿色高质高效示范田和品质提升基地。

（四）农业生产社会化服务

聚焦粮食和大豆油料生产，支持符合条件的农民合作社、农村集体经济组织、专业服务公司和供销合作社等主体开展社会化服务，推动服务带动型规模经营发展。支持各类服务主体集中连片开展单环节、多环节、全程托管等服务，提高技术到位率、服务覆盖面和补贴精准性，推动节本增效和农民增收。

（五）基层农技推广体系改革与建设

聚焦粮食稳产增产、大豆油料扩种、农产品有效供给等重点，根据不同区域自然条件和生产方式，示范推广重大引领性技术和农业主推技术，推动农业科技在县域层面转化应用。继续实施农业重大技术协同推广，激发各类推广主体活力，建立联动示范推广机制。继续实施农技推广特聘计划，通过政府购买服务等方式，从乡土专家、新型农业经营主体、种养能手中招募特聘农技（动物防疫）员。

（六）玉米大豆生产者补贴、稻谷补贴和产粮大县奖励

国家继续实施玉米和大豆生产者补贴、稻谷补贴和产粮大县奖励等政策，巩固农业供给侧结构性改革成效，保障国家粮食安全。

二、耕地保护与质量提升

（一）耕地地力保护补贴

补贴对象原则上为拥有耕地承包权的种地农民，补贴资金通过“一卡（折）通”等形式直接兑现到户，严禁任何方式统筹集中使用，严防“跑冒滴漏”，确保补贴资金不折不扣发放到种地农民手中。按照《财政部办公厅 农业农村部办公厅关于进一步做好耕地地力保护补贴工作的通知》（财办农〔2021〕11号）要求，探索耕地地力保护补贴发放与耕地地力保护行为相挂钩的有效机制，加大耕地使用情况的核实力度，做到享受补贴农民的耕地不撂荒、地力不下降，切实推动落实“藏粮于地”战略部署，遏制耕地“非农化”。

（二）高标准农田建设

按照“统一规划布局、统一建设标准、统一组织实施、统一验收考核、统一上图入库”五个统一的要求，2022年在全国建设高标准农田1亿亩，重点加大对粮食主产省支持。按照《全国高标准农田建设规划（2021—2030年）》，因地制宜实施田块整治、土壤改良、灌溉和排水、田间道路、农田输配电等建设内容，加强农业基础设施建设，提高农业综合生产能力。

（三）东北黑土地保护

继续聚焦黑土地保护重点县，集中连片开展东北黑土地保护利用，重点推广秸秆还田与“深翻+有机肥还田”等综合技术模式，推进国家黑土地保护工程标准化示范。坚持“稳步扩面、质量为先”，针对玉米、大豆、小麦等旱作作物，支持推广应用秸秆覆盖免（少）耕播种等关键技术，持续优化定型技术模式，稳步扩大实施面积，鼓励整乡整村整建制推进，加快高标准示范应用基地建设。

（四）耕地质量保护与提升

在部分耕地酸化、盐碱化较严重区域，试点集成推广施用土壤调理剂、绿肥还田、耕作压盐、增施有机肥等治理措施。在西南、华南等地区，因地制宜采取品种替代、水肥调控、农业废弃物回收利用等环境友好型农业生产技术，加强生产障碍耕地治理，克服农产品产地环境障碍，提升农产品质量安全水平。支持做好第三次全国土壤普查试点、补充耕地质量评价试点、肥料田间试验、施肥情况调查、肥料利用率测算等工作。加大施肥新产品新技术新机具集成推广力度，优化测土配方施肥技术推广机制，扩大推广应用面积、提高覆盖率。通过施用草木灰、叶面喷施、绿肥种植、增施有机肥等替代部分化肥投入，降低农民用肥成本。

（五）耕地轮作休耕

立足资源禀赋、突出生态保护、实行综合治理，进一步探索科学有效轮作模式。在东北、黄淮海等地区实施粮豆轮作，在西北、黄淮海、西南和长江中下游等适宜地区推广玉米大豆带状复合种植，在长江流域实施一季稻+油菜、一季稻+再生稻+油菜轮作，在双季稻区实施稻稻油轮作，在北方农牧交错区和新疆次宜棉区推广棉花、玉米等与花生轮作或间套作。继续在河北地下水漏斗区、新疆塔里木河流域地下水超采区实施休耕试点，休耕期间重点采取土壤改良、地力培肥等措施。

（六）耕地深松

以提高土壤蓄水保墒能力为目标，支持在适宜地区开展深松（深耕）整地作业，促进耕地质量改善和农业综合生产能力提升。深松（深耕）作业深度一般要求达到或超过25厘米，具体技术模式、补助标准和作业周期由各地因地制宜确定。充分利用信息化监测手段保证作业质量，提高监管工作效率，鼓励扩大作业监测范围。

三、种业创新发展

(一) 种质资源保护

继续支持符合条件的国家畜禽遗传资源保种场、保护区和基因库等国家级畜禽遗传资源保护品种保护单位开展畜禽遗传资源保护，支持符合条件的国家畜禽核心育种场、种公畜站、奶牛生产性能测定中心等开展种畜禽和奶牛生产性能测定工作。

(二) 畜牧良种推广

在主要草原牧区省份对项目区内符合条件的养殖场(户)给予适当补助，支持牧区畜牧良种推广。在生猪大县对符合条件的生猪养殖场(户)给予适当补助，加快生猪品种改良。支持开展蜜蜂遗传资源保护利用，完善蜜蜂良种繁育体系，改善养殖设施装备水平，开展农作物高效蜂授粉试点。

(三) 制种大县奖励

扩大水稻、小麦、玉米、大豆、油菜制种大县支持范围，将九省棉区棉花制种大县纳入奖励范围，提高农作物良种覆盖面，提升核心种源保障能力，促进种业转型升级，实现高质量发展。

四、畜牧业健康发展

(一) 奶业振兴行动

择优支持奶业大县发展奶牛标准化规模养殖，推广应用先进智能设施装备，推进奶牛养殖和饲草料种植配套衔接，选择有条件的奶农、农民合作社依靠自有奶源开展养加一体化试点，示范带动奶业高质量发展。实施苜蓿发展行动，支持苜蓿种植、收获、运输、加工、储存等基础设施建设和装备提升，增强苜蓿等优质饲草料供给能力。

（二）粮改饲

以农牧交错带和黄淮海地区为重点，支持规模化草食家畜养殖场（户）、企业或农民合作社以及专业化饲草收储服务组织等主体，收储使用青贮玉米、苜蓿、饲用燕麦、黑麦草、饲用黑麦、饲用高粱等优质饲草，通过以养带种的方式加快推动种植结构调整和现代饲草产业发展。各地可根据当地养殖传统和资源情况，因地制宜将有饲用需求的区域特色饲草品种纳入范围。

（三）肉牛肉羊增量提质行动

进一步扩大项目实施范围，在吉林、山东、河南、云南等19个省（自治区），选择产业基础相对较好的牛（羊）养殖大县，支持开展基础母牛扩群提质和种草养牛养羊全产业链发展。

（四）生猪（牛羊）调出大县奖励

包括生猪调出大县奖励、牛羊调出大县奖励和省级统筹奖励资金。生猪调出大县奖励资金和牛羊调出大县奖励资金由县级人民政府统筹安排用于支持本县生猪（牛羊）生产流通和产业发展，省级统筹奖励资金由省级人民政府统筹安排用于支持本省（自治区、直辖市）生猪（牛羊）生产流通和产业发展。

五、农业全产业链提升

（一）农业产业融合发展

统筹布局建设一批国家现代农业产业园、优势特色产业集群和农业产业强镇。重点围绕保障国家粮食安全和重要农产品有效供给，聚焦稻谷、小麦、玉米、大豆、油菜、花生、牛羊、生猪、淡水养殖、天然橡胶、棉花、食糖、奶业、种业、设施蔬菜等重要农产品，适当兼顾其他特色农产品，构建以产业强镇为基础、产业园为引擎、产业集群为骨干，省县乡梯次布局、点线面协同推进的现代乡村产业体系，整体提升产业发展质量效益和竞争力。

（二）农产品产地冷藏保鲜设施建设

重点围绕蔬菜、水果等鲜活农产品，兼顾地方优势特色品种，合理布局建设农产品产地冷藏保鲜设施，采取“先建后补、以奖代补”方式，择优支持蔬菜、水果等产业重点县开展整县推进。依托县级及以上示范家庭农场和农民合作社示范社、已登记的农村集体经济组织实施，重点支持建设通风贮藏设施、机械冷藏库、气调冷藏库，以及预冷设施设备和其他配套设施设备。

（三）农产品地理标志保护工程

围绕生产标准化、产品特色化、身份标识化和全程数字化，完善相关标准和技术规范，支持开展地理标志农产品特色种质保存、特色品质保持和特征品质评价，推进全产业链生产标准化，挖掘农耕文化，加强宣传推介，强化质量安全监管和品牌打造，推动地理标志农产品产业发展。

六、新型经营主体培育

（一）高素质农民培育

统筹推进新型农业经营服务主体能力提升、种养加能手技能培训、农村创新创业者培养、乡村治理及社会事业发展带头人培育。继续开展农村实用人才带头人和到村任职选调生培训。启动实施乡村产业振兴带头人培育“头雁”项目，打造一支与农业农村现代化相适应，能够引领一方、带动一片的乡村产业振兴带头人“头雁”队伍。

（二）新型农业经营主体高质量发展

支持县级及以上农民合作社示范社和示范家庭农场改善生产经营条件，规范财务核算，应用先进技术，推进社企对接，提升规模化、集约化、信息化生产能力。着力加大对从事粮食和大豆油料种植的家庭农场和农民合作社、联合社支持力度。鼓励各地加强新型农业经营主体辅导员队伍和服务中心建设，可通过政府购买服务方式，委托其为家庭农场和农民合作社提供技术指导、产业发展、财务管理、市场营销等服务。鼓励各地开展农民合作社质量提升整县推进。

（三）农业信贷担保服务

重点服务家庭农场、农民合作社、农业社会化服务组织、小微农业企业等农业适度规模经营主体。服务范围限定为农业生产及与其直接相关的产业融合项目，加大对粮食和大豆油料生产、乡村产业发展等重点领域的信贷担保支持力度，助力农业经营主体信贷直通车常态化服务，提升数字化、信息化服务水平。在有效防范风险的前提下，加快发展首担业务。中央财政对省级农担公司开展的符合“双控”要求的政策性农担业务予以奖补，支持其降低担保费用和应对代偿风险。

七、农业资源保护利用

（一）草原生态保护补助奖励

在河北、山西、内蒙古、辽宁、吉林、黑龙江、四川、云南、西藏、甘肃、青海、宁夏、新疆 13 省（自治区）及新疆生产建设兵团、北大荒农垦集团有限公司实施草原生态保护补助奖励政策，补奖资金用于支持实施草原禁牧、推动草畜平衡，有条件的地方可用于推动生产转型，提高草原畜牧业现代化水平。对农牧民的补助奖励资金，要通过“一卡（折）通”等方式及时足额发放给农牧民。

（二）渔业发展补助

聚焦渔业资源养护、纳入国家规划的重点项目以及促进渔业安全生产等方面，重点支持建设国家级海洋牧场、现代渔业装备设施，以及国家级沿海渔港经济区、远洋渔业基地等公益性基础设施更新改造和整治维护，开展集中连片内陆养殖池塘标准化改造和尾水治理，实施渔业资源调查养护和国际履约能力提升奖补等。支持实施渔业资源养护，继续在流域性大江大湖、界江界河、资源退化严重海域等重点水域开展渔业增殖放流，促进恢复或增加渔业种群的数量，改善和优化水域的渔业种群结构。

（三）绿色种养循环农业试点

继续在符合条件的试点县整县开展绿色种养循环农业试点，支持企业、专业化服务组织等市场主体提供粪肥收集、处理、施用服务，带动县域内畜禽粪污基本还田，打通种养循环堵点，推动化肥减量化，促进畜禽粪污资源化利用和农业绿色发展。

（四）农作物秸秆综合利用

以秸秆资源量较大的县（市、区）为重点实施区域，培育壮大秸秆利用市场主体，完善收储运体系，加强资源台账建设，健全监测评价体系，强化科技服务保障，培育推介一批秸秆产业化利用典型模式，形成可推广、可持续的产业发展模式和高效利用机制，提升秸秆综合利用水平。

（五）地膜科学使用回收

在河北、内蒙古、辽宁、山东、河南、四川、云南、甘肃、新疆9省（自治区）及新疆生产建设兵团、北大荒农垦集团有限公司，支持引导农户、种植大户、合作社及地膜生产回收企业等实施主体，科学推进加厚高强度地膜使用，有序推广全生物降解地膜。推广地膜高效科学覆盖技术，降低使用强度。严格补贴地膜准入条件，禁止使用不达标地膜。加快构建废旧地膜污染治理长效机制，有效提高地膜科学使用回收水平。

八、农业防灾减灾

(一) 农业生产救灾

中央财政对各地农业重大自然灾害及农业生物灾害的预防控制和灾后恢复生产工作给予适当补助。支持范围包括农业重大自然灾害预防及农业生物灾害防控所需的物资材料补助，恢复农业生产措施所需的物资材料补助，牧区抗灾保畜所需的储草棚(库)、牲畜暖棚和应急调运饲草料补助等。支持小麦促弱转壮，支持实施小麦“一喷三防”。

(二) 动物疫病防控

中央财政对动物疫病强制免疫、强制扑杀和销毁、养殖环节无害化处理工作给予补助。强制免疫补助经费主要用于开展口蹄疫、高致病性禽流感、小反刍兽疫、布鲁氏菌病、包虫病（棘球蚴病）等动物强制免疫疫苗（驱虫药物）采购、储存、注射(投喂）以及免疫效果监测评价、人员防护等相关防控工作，以及对实施和购买动物防疫服务等予以补助；继续对符合条件的养殖场户实施强制免疫“先打后补”。国家对在动物疫病预防、控制、净化、消灭过程中强制扑杀的动物、销毁的动物产品和相关物品的所有者给予补偿，补助经费由中央财政和地方财政共同承担。国家对养殖环节病死猪无害化处理予以支持，由各地根据有关要求，结合当地实际，完善无害化处理补助政策，切实做好养殖环节无害化处理工作。

(三) 农业保险保费补贴

在地方财政自主开展、自愿承担一定补贴比例基础上，中央财政对稻谷、小麦、玉米、棉花、马铃薯、油料作物、糖料作物、天然橡胶、能繁母猪、育肥猪、奶牛、森林、青稞、牦牛、藏系羊，以及三大粮食作物制种保险给予保费补贴支持。加大农业保险保费补贴支持力度，中央财政对中西部和东北地区的种植业保险保费补贴比例由35%或40%统一提高至45%，实现三大粮食作物完全成本保险和种植收入保险主产省产粮大县全覆盖。将中央财政对地方优势特色农产品保险奖补政策扩大至全国。继续开展“保险+期货”试点。

九、农村人居环境整治

因地制宜推进农村改厕。支持实施农村厕所革命整村推进财政奖补政策，分类有序推进农村厕所革命。充分发挥农民群众主体作用，加强农村改厕和农村生活污水治理统筹衔接，着力建立健全运行管护机制，切实提高农村改厕质量，务求长效管用。

第二节　农村金融

一、我国农村金融服务体系概述

农村金融服务对象是农业、农村和农民。经过多年的改革与发展，我国已形成了包括商业性、政策性、合作性金融机构在内的，以国有商业银行为主体、农村信用社为核心、民间借贷为补充的农村金融体系，在关心农民、关注农村、支持农业经济发展上发挥了重要作用，农村金融服务机构已经发展到可以为用户提供投资、储蓄、信贷、结算、兑换、商业保险以及金融信息咨询等多方面的服务。

二、新型农村金融贷款业务

（一）小额贷款

1. 贷款银行

我国支持农业贷款的金融机构有农业银行、邮政储蓄银行、信用社和其他各类商业银行。以农村信用社为例，农户可以持贷款证及有效身份证件，直接到农村信用社申请办理。农村信用社在接到贷款申请时，要对贷款用途及额度进行审核，一般额度控制5万~10万元。

信用社还有农民联保贷款，三五户农民组成联保小组，相互为彼此贷款担保。有联保的贷款额度比个人信用贷款额度相对高一些。

2. 贷款用项

种植业、养殖业等农业生产费用贷款；农机具贷款；围绕农业产前、产中、产后服务贷款及购置生活用品、建房、治病、子女上学等消费类贷款。

3. 抵押或担保

以农业银行为例。农业银行创新了农机具抵押、农副产品抵押、林权抵押、农村新型产权抵押、“公司+农户”担保、专业合作社担保等抵押或担保方式，还允许对符合条件的客户发放信用贷款。

（1）土地经营权抵押贷款。土地经营权抵押贷款是指农户或合作社将合法的农村土地承包经营权向金融机构申请做抵押的贷款。贷款需提交的资料包括：身份证明或其他证明材料；土地经营权权属证明资料；农村土地经营权抵押登记申请书；农村土地经营权抵押登记证；土地经营权抵押承诺书；抵押贷款申请书；银行要求的其他材料。

（2）林权抵押贷款。开展林权抵押贷款业务要建立抵押财产价值评估制度，对抵押林权进行价值评估。对于贷款金额在30万元以下的林权抵押贷款项目，贷款人要参照当地市场价格自行评估，不得向借款人收取评估费。

抵押贷款程序：①权利人提交林权证；②权利人提交书面抵

押申请（包括个人基本情况、林权情况、贷款额、金融资信证明等）；权利人是个人的，提交个人身份证复印件；权利人是单位的提交法人身份证复印件和单位资质证明复印件；③乡镇林业站在书面抵押申请上签署初审意见；④县林业规划调查设计队现场评估，制作评估报告；⑤提供金融部门的贷款协议；⑥金融部门提供单位注册复印件和法人身份证复印件；⑦缴费，办理他项权证。

（二）合作社贷款

1. 优惠利率

农民专业合作社及其成员贷款可以实行优惠利率，具体优惠幅度由各地结合当地实际情况确定。

2. 贷款条件

经工商行政管理部门核准登记，取得农民专业合作社法人营业执照；有固定的生产经营服务场所，依法从事农民专业合作社章程规定的生产、经营、服务等活动；具有健全的组织机构和财务管理制度，能够按时向农村信用社报送有关材料；在申请贷款的银行开立存款账户，自愿接受信贷监督和结算监督；无不良贷款及欠息；银行规定的其他条件。

（三）家庭农场贷款

农业银行对家庭农场贷款额度最高为 1 000 万元，除了满足购买农业生产资料等流动资金需求，还可以用于农田基本设施建设和支付土地流转费用，贷款期限最长可达 5 年。

三、农村信用合作社

（一）农村信用合作社的地位、特征和任务

1. 农村信用合作社的地位

农村信用合作社是银行类金融机构。银行类金融机构又叫作

存款机构和存款货币银行，其特点是以吸收存款为主要负债，以发放贷款为主要资产，以办理转账结算为主要中间业务，直接参与存款货币的创造过程。农村信用合作社又是信用合作机构，是由个人集资联合组成的以互助为主要宗旨的合作金融机构，简称“信用社”，以互助、自助为目的，在社员中开展存款、放款业务。

2. 农村信用合作社的特征

（1）农村信用合作社是由农民和农村的其他个人集资联合组成，以互助为主要宗旨的合作金融组织，其业务经营是在民主选举基础上由社员指定人员管理经营，并对社员负责。其最高权力机构是社员代表大会，负责具体事务的管理和业务经营的执行机构是理事会。

（2）主要资金来源是合作社成员缴纳的股金、留存的公积金和吸收的存款。贷款主要用于解决其成员的资金需求，起初主要发放短期生产生活贷款和消费贷款，后随着经济发展，渐渐扩宽放款渠道，现在和商业银行贷款没有区别。

（3）由于业务对象是合作社成员，因此业务手续简便灵活。

3. 农村信用合作社的任务

依照国家法律和金融政策的规定，组织和调节农村基金，支持农业生产和农村综合发展，支持各种形式的合作经济和社员家庭经济，限制和打击高利贷。

（二）农村信用合作社的改革试点和发展方向

1. 目前农村信用合作社开展的改革试点

（1）在北京、天津、海南、宁夏等 5 个省（自治区、直辖市）实行建立省级联社的试点。

（2）在四川、浙江等 5 个省试行建立地市联社和省级信用合作协会（作为信用社的行业管理机构）。

（3）经国务院批准，江苏省进行了以县为单位统一法人，乡信用社作为其分支机构的改革试验。同时张家港、常熟、江阴3个地级市进行了农村股份制商业银行的试点。

（4）中国人民银行在8个县开展了信用社利率放开的改革试验。

2. 今后农村信用合作社的发展方向

（1）根据各地实际情况，逐步满足多样化的农村金融需求是信用社改革的根本目标，而暂时解决信用社的经营困难，处理目前的累计亏损和不良资产只是阶段性目标。

（2）管理体制及监管模式需要在试验试点基础上逐步确立。

（3）要求地方政府担负管理和监管责任，应以储蓄保险体系或金融风险防范基金的建立为前提。

（4）逐步扩大贷款利率自由化改革的试验。

（5）信用社改革应与整个农村金融体系建设相配套。

（三）农村信用合作社的法律责任

农村信用合作社对其工作人员在营业场所、营业时间所实施的营业行为应承担民事责任。农村信用合作社要对其员工的职务行为承担法律责任。

四、村镇银行

（一）村镇银行概述

村镇银行是指经中国银行保险监督管理委员会依据有关法律、法规批准，由境内外金融机构、境内非金融机构企业法人、境内自然人出资，在农村地区设立的主要为当地农民、农业和农村经济发展提供金融服务的银行业金融机构。村镇银行是独立的企业法人，享有由股东投资形成的全部法人财产权，依法享有民事权利，并以全部法人财产独立承担民事责任。

村镇银行股东依法享有资产收益、参与重大决策和选择管理者等权利。并以其出资额或认购股份为限对村镇银行的债务承担责任。村镇银行以安全性、流动性、效益性为经营原则，自主经营，自担风险，自负盈亏，自我约束。

（二）村镇银行的优劣势

1. 优势

（1）政策优势。国家对村镇银行有很大的政策优惠、政策倾斜。

（2）发起行的支持。发起行对村镇银行在资金、人员、治理结构及企业文化等方面的支持。

（3）制度上的路径依赖比较弱，有利于发展创新。

（4）决策链条短，扁平化管理。对市场变化、环境的反应与决策机制比较快，几乎无中间环节。

（5）激励机制相对比较灵活，有利于充分调动人的积极性、创造性，把人的潜能充分发挥出来。

（6）贴近社区，草根金融。充分利用人缘、地缘优势，扎根地方，深入社区，凭借本土化熟人社会，在营销和风险管控方面有很大优势。

2. 劣势

（1）规模小。在资金实力、人才队伍、信息技术等综合实力方面相对较弱，业务品种单一，创新能力不足。

（2）所处生态环境比较薄弱。大多地处县域以下偏远、贫困地区，生态环境薄弱，实体经济相对弱小，人均收入水平相对较低。

（3）IT 系统还不够完善，在发展互联网金融、普惠金融，特别是移动金融服务方面处于劣势。

（4）支付结算体系不畅，无法开办联行业务，无法加入大小额支付系统，只能进行资金的手工清算，汇划速度慢，差错事故率高。

（5）认知度低、公信力不足，导致村镇银行吸收社会存款难度大、成本高、存款稳定性差，存款保险制度推出以后，对村镇银行还会有新的冲击。

第三节　涉农税收优惠政策

一、增值税的税收优惠

（一）自产农产品免征增值税优惠

根据《中华人民共和国增值税暂行条例》（中华人民共和国国务院令第 538 号）第十五条规定，农业生产者销售的自产农产品免征增值税。而且该优惠事项可以申报享受税收减免，无须报送资料。其中农产品，是指种植业、养殖业、林业、牧业、水产业生产的各种植物、动物的初级产品。具体征税范围继续按照《财政部　国家税务总局关于印发〈农业产品征税范围注释〉的通知》（财税字〔1995〕52 号）及现行相关规定执行。

（二）农民专业合作社免征增值税优惠

根据《财政部　国家税务总局关于农民专业合作社有关税收政策的通知》（财税〔2008〕81 号）和《财政部　国家税务总局关于对化肥恢复征收增值税政策的补充通知》（财税〔2015〕97 号）等规定，对农民专业合作社销售本社成员生产的农业产品，视同农业生产者销售自产农业产品免征增值税。对农民专业合作社向本社成员销售的农膜、种子、种苗、农药、农机，免征增值税。

（三）农业生产资料免征增值税优惠

根据《财政部　国家税务总局关于若干农业生产资料征免增

值税政策的通知》（财税〔2001〕113号）规定，销售以下货物免征增值税：①农膜；②生产销售的阿维菌素、胺菊酯、百菌清、苯噻酰草胺、苄嘧磺隆、草除灵、吡虫啉、丙烯菊酯、哒螨灵、代森锰锌、稻瘟灵、敌百虫、丁草胺、啶虫脒、多抗霉素、二甲戊乐灵、二嗪磷、氟乐灵、高效氯氰菊酯、炔螨特、甲多丹、甲基硫菌灵、甲基异柳磷、甲（乙）基毒死蜱、甲（乙）基嘧啶磷、精恶唑禾草灵、精喹禾灵、井冈霉素、咪鲜胺、灭多威、灭蝇胺、苜蓿银纹夜蛾核型多角体病毒、噻磺隆、三氟氯氰菊酯、三唑磷、三唑酮、杀虫单、杀虫双、顺式氯氰菊酯、涕灭威、烯唑醇、辛硫磷、辛酰溴苯精、异丙甲草胺、乙阿合剂、乙草胺、乙酰甲胺磷、莠去津；③批发和零售的种子、种苗、农药、农机。《财政部　国家税务总局关于不带动力的手扶拖拉机和三轮农用运输车增值税政策的通知》（财税〔2002〕89号）规定，不带动力的手扶拖拉机（也称“手扶拖拉机底盘”）和三轮农用运输车（指以单缸柴油机为动力装置的三个车轮的农用运输车辆）属于“农机”，应按有关“农机”的增值税政策规定征免增值税。

（四）饲料产品免征增值税优惠

根据《财政部　国家税务总局关于饲料产品免征增值税问题的通知》（财税〔2001〕121号）和《财政部　国家税务总局关于饲料产品免征增值税问题的通知》（财税〔2001〕121号）的规定，销售饲料产品免征增值税优惠。饲料产品包括如下：①单一大宗饲料，指以一种动物、植物、微生物或矿物质为来源的产品或其副产品，其范围仅限于糠麸、酒糟、鱼粉、草饲料、饲料级磷酸氢钙及除豆粕以外的菜子（籽）粕、棉子（籽）粕、向日葵粕、花生粕等粕类产品；②混合饲料，指由两种以上单一大宗饲料、粮食、粮食副产品及饲料添加剂按照一定比例配置，其中单一大宗饲料、粮食及粮食副产品的参（掺）兑比例不低于95%的饲料；③配合饲料，指根据不同的饲养对象，饲养对象的不同生长发育阶段的营养需要，将多种饲料原料按饲料配方经工业生产后，形成的能满足饲养动物全部营养需要（除水分外）的饲料；④复合预混料，指能够按照国家有关饲料产品的标准要求量，全面提供动物饲养相应阶段所需微量元素（4种或以上）、维生素（8种或以上），由微量元素、维生素、氨基酸和非营养性添加剂中任何两类或两类以上的组分与载体或稀释剂按一定比例配置的均匀混合物；⑤浓缩饲料，指由蛋白质、复合预混料及矿物质等按一定比例配制的均匀混合物。

(五) 有机肥免征增值税优惠

根据《财政部　国家税务总局关于有机肥产品免征增值税的通知》（财税〔2008〕56号）规定，纳税人生产销售和批发、零售有机肥产品免征增值税。有机肥产品是指有机肥料、有机-无机复混肥料和生物有机肥。

(六) 滴灌带和滴灌管产品免征增值税优惠

根据《财政部　国家税务总局关于免征滴灌带和滴灌管产品增值税的通知》（财税〔2007〕83号）规定，纳税人生产销售和批发、零售滴灌带和滴灌管产品免征增值税。

(七) 农业机耕、排灌、病虫害防治、植物保护、农牧保险以及相关技术培训业务，家禽、牲畜、水生动物的配种和疾病防治免征增值税优惠

根据《财政部国家税务总局关于全面推开营业税改征增值税试点的通知》（财税〔2016〕36号附件3）规定，从事农业机耕、排灌、病虫害防治、植物保护、农牧保险以及相关技术培训业务，家禽、牲畜、水生动物的配种和疾病防治免征增值税。农业机耕，是指在农业、林业、牧业中使用农业机械进行耕作（包

括耕耘、种植、收割、脱粒、植物保护等）的业务；排灌，是指对农田进行灌溉或者排涝的业务；病虫害防治，是指从事农业、林业、牧业、渔业的病虫害测报和防治的业务；农牧保险，是指为种植业、养殖业、牧业种植和饲养的动植物提供保险的业务；相关技术培训，是指与农业机耕、排灌、病虫害防治、植物保护业务相关以及为使农民获得农牧保险知识的技术培训业务；家禽、牲畜、水生动物的配种和疾病防治业务的免税范围，包括与该项服务有关的提供药品和医疗用具的业务。

（八）承包地流转给农业生产者用于农业生产免征增值税优惠

根据《财政部　税务总局关于建筑服务等营改增试点政策的通知》（财税〔2017〕58 号）规定，纳税人采取转包、出租、互换、转让、入股等方式将承包地流转给农业生产者用于农业生产，免征增值税。

（九）将土地使用权转让给农业生产者用于农业生产免征增值税

根据《财政部　国家税务总局关于全面推开营业税改征增值税试点的通知》（财税〔2016〕36 号附件 3）规定，将土地使用权转让给农业生产者用于农业生产免征增值税。

（十）将国有农用地出租给农业生产者用于农业生产免征增值税

根据《财政部　税务总局关于明确国有农用地出租等增值税政策的公告》（财政部　税务总局公告 2020 年第 2 号）规定，纳税人将国有农用地出租给农业生产者用于农业生产，免征增值税。

二、企业所得税的税收优惠

（一）从事农、林、牧、渔业项目的所得减免征收企业所得税

根据2019年修订《中华人民共和国企业所得税法实施条例》第八十六条规定如下。

1. 企业从事下列项目的所得，免征企业所得税

（1）蔬菜、谷物、薯类、油料、豆类、棉花、麻类、糖料、水果、坚果的种植。

（2）农作物新品种的选育。

（3）中药材的种植。

（4）林木的培育和种植。

（5）牲畜、家禽的饲养。

（6）林产品的采集。

（7）灌溉、农产品初加工、兽医、农技推广、农机作业和维修等农、林、牧、渔服务业项目。

（8）远洋捕捞。

2. 企业从事下列项目的所得，减半征收企业所得税

（1）花卉、茶以及其他饮料作物和香料作物的种植。

（2）海水养殖、内陆养殖。

如企业从事国家限制和禁止发展的项目，则不得享受本条规定的企业所得税优惠。

（二）“公司加农户”经营模式从事农、林、牧、渔业生产减免企业所得税

根据《国家税务总局关于“公司+农户”经营模式企业所得税优惠问题的公告》（国家税务总局公告2010年第2号）规定，以“公司+农户”经营模式从事农、林、牧、渔业项目生产的企

业，享受减免企业所得税优惠政策。企业采取“公司+农户”经营模式从事牲畜、家禽的饲养，即公司与农户签订委托养殖合同，向农户提供畜禽苗、饲料、兽药及疫苗等［所有权（产权）仍属于公司］，农户将畜禽养大成为成品后交付公司回收。

（三）从事农村饮水工程新建项目投资经营的所得定期减免企业所得税

根据《财政部 税务总局关于继续实行农村饮水安全工程税收优惠政策的公告》（财政部 税务总局公告 2019 年第 67 号）和《财政部 税务总局关于延长部分税收优惠政策执行期限的公告》（财政部 税务总局公告 2021 年第 6 号）规定，对饮水工程运营管理单位从事《公共基础设施项目企业所得税优惠目录》规定的饮水工程新建项目投资经营的所得，自项目取得第一笔生产经营收入所属纳税年度起，第一年至第三年免征企业所得税，第四年至第六年减半征收企业所得税。

三、契税的税收优惠

根据 2020 年发布的《中华人民共和国契税法》第六条第三款规定，承受荒山、荒地、荒滩土地使用权用于农、林、牧、渔业生产免征契税。

四、印花税的税收优惠

根据《财政部 国家税务总局关于支持农村集体产权制度改革有关税收政策的通知》（财税〔2017〕55 号）规定，对因农村集体经济组织以及代行集体经济组织职能的村民委员会、村民小组进行清产核资收回集体资产而签订的产权转移书据，免征印花税。

五、城镇土地使用税的税收优惠

（一）采摘观光的种植养殖土地免征城镇土地使用税

根据《中华人民共和国城镇土地使用税暂行条例》和《财政部　国家税务总局关于房产税、城镇土地使用税有关政策的通知》（财税〔2006〕186号）规定，在城镇土地使用税征收范围内经营采摘、观光农业的单位和个人，其直接用于采摘、观光的种植、养殖、饲养的土地，根据《中华人民共和国城镇土地使用税暂行条例》第六条中“直接用于农、林、牧、渔业的生产用地”的规定，免征城镇土地使用税。

（二）农村饮水工程运营管理单位自用土地免征城镇土地使用税

根据《财政部　税务总局关于继续实行农村饮水安全工程税收优惠政策的公告》（财政部　税务总局公告2019年第67号）和《财政部　税务总局关于延长部分税收优惠政策执行期限的公告》（财政部　税务总局公告2021年第6号）规定，对饮水工程运营管理单位自用的生产、办公用房产、土地，免征房产税、城镇土地使用税。

六、耕地占用税的税收优惠

（一）农村宅基地减征耕地占用税

根据《中华人民共和国耕地占用税法》规定，农村居民在规定用地标准以内占用耕地新建自用住宅，按照当地适用税额减半征收耕地占用税。

（二）农村住房搬迁免征耕地占用税

根据《中华人民共和国耕地占用税法》规定，农村居民经批准搬迁，新建自用住宅占用耕地不超过原宅基地面积的部分，免征耕地占用税。

第四节　农业农村保险

一、农业保险的基本概念

（一）农业保险的定义

农业保险是指保险机构根据农业保险合同，对被保险人在种植业、林业、畜牧业和渔业生产中因保险标的遭受约定的自然灾害、意外事故、疫病、疾病等保险事故所造成的财产损失，承担赔偿保险金责任的保险活动。

（二）可以赔偿和不赔偿的风险

可以赔偿的风险主要有两类：一是自然灾害和意外事故，如水灾、冰雹、疫病等；二是为公共事业牺牲个人利益，如为防止牲畜疫病蔓延扑杀掩埋病畜等。

保险不赔偿的风险主要包括政治风险、道德风险和管理风险。发生了战争或是投保人故意的行为都属于免赔范围；另外，发生灾害后未按规定要求采取必要的减损措施，也会影响正常的索赔。

农业保险不能完全规避价格风险。虽然我国已在多地试点推行了多种农产品价格保险，但价格风险的规避仍然任重道远。

二、农业保险的种类

（一）种植业保险、畜牧业保险、渔业保险和森林保险

按照农业生产的对象的不同，农业保险可以分为种植业保险、畜牧业保险、渔业保险和森林保险。种植业保险通俗来说就是农作物保险，如水稻、小麦等；畜牧业保险主要适用于牲畜和

家禽；渔业保险是为渔民量身打造的；森林保险就是“森林卫士”。

（二）能繁母猪的保险

不是所有能繁母猪都能参加保险，前提条件是它打了专用耳标。耳标好比动物的“身份证”，它是佩戴在动物耳部，用于记录标的畜龄、防疫等信息的标牌，以数字、二维码或者电子芯片的形式标记。另外，能繁母猪能否投保还受到母猪畜龄、存栏量、饲养圈舍卫生、健康状况、防疫记录等因素限制。

一般来说投保人及其家庭成员、被保险人及其家庭成员、投保人或被保险人雇用人员的故意行为导致标的死亡，保险公司不予以赔付。

母猪因得传染病被强行扑杀，在保险期间内，由于发生保险条款列明的高传染性疫病，政府实施强制扑杀导致保险母猪死亡，保险公司也负责赔偿，但赔偿金额以保险金额扣减政府扑杀专项补贴金额的差额为限。

（三）农村劳动力意外伤害救灾保险

农村劳动力意外伤害救灾保险是居住在农村的无严重疾病和伤残的家庭劳动者因自然灾害或意外事故造成严重伤残或死亡时，由国家、集体和劳动者个人共同集资成立的救灾保险互济组织，按条款规定及时给付救助费或补助金。目的是通过国家、集体和劳动者个人共同筹集一定的救灾保险基金，用来保障农村劳动力伤残有医治、死亡有补偿的一种社会保险制度，以促进农村社会安定和生产力发展。

1. 农村劳动力意外伤害救灾保险范围

农村劳动力意外伤害救灾保险的对象是农村年满 18 周岁至 60 周岁的无严重疾病或伤残的家庭劳动者；保险期限一般为一年，即自投保人缴纳保费之日起，至期满日 24 时止。保险责任，凡因下列原因导致家庭劳动力严重伤残、死亡时，救灾保险互济组织负责补偿或救助：①水灾、火灾、风雹、雪冻、地震、冰雹、泥石流及雷击触电；②爆炸、交通事故、中毒、猛兽袭击；③固定物体倒塌、空中运行物撞击或机械事故；④农村集体承保的生产队（组）负责人及农场主对所属单位的农工、合同工和受聘人员在保险期内负有因意外人身伤害享受补偿的责任。

2. 救灾保险互济组织不负保险或救助责任的原因

由于下列原因导致在保劳动力严重伤残或死亡时，救灾保险互济组织不负保险或救助责任：①长期或突发性疾病；②被保人及其家庭人员、亲友的故意行为；③打架、斗殴、酗酒或违章、违纪、违法、犯罪及不道德行为；④战争或军事行为，以及集会、游行、公共娱乐场所引起的伤害。

（四）农业保险险种的财政补贴

农业保险有政策性农业保险和商业性农业保险，只有政策性农业保险才可以享受财政补贴。具体的政策性农业保险险种要依据地方的实际来确定，种类和范围在各地区都有所不同。比较常见的保费补贴品种有水稻、小麦、玉米、能繁母猪、奶牛、天然橡胶、森林等。

（五）涉农保险

涉农保险是指农业保险以外，为农民在农业生产生活中提供保险保障的保险，包括农房、农机具、渔船等财产保险，涉及农民的生命和身体等方面的短期意外伤害保险。

三、火灾保险

（一）火灾保险定义

火灾保险是指为存放在固定场所并处于相对静止状态的财产遭受的火灾损失提供保障的保险。目前保险公司开办的财产保险业务没有直接使用火灾保险这一名称，但是企业财产保险、家庭财产保险等都是在火灾保险的基础上发展起来的险种，火灾是其中最重要的承保风险。

（二）家庭财产保险

家庭财产综合保险主要承保房屋、房屋装修及保单列明的室内财产三类家庭财产。在投保时，保险金额按三类财产分项确定，投保人可以自由选择三类财产的保险金额。承保风险以火灾、盗窃等风险为主。

四、普惠的“三农”保险

《国务院关于加快发展现代保险服务业的若干意见》（国发〔2014〕29号）规定，各地根据自身实际，支持保险机构提供保障适度、保费低廉、保单通俗的“三农”保险产品。积极发展农村小额信贷保险、农房保险、农机保险、农业基础设施保险、森林保险，以及农民养老健康保险、农村小额人身保险等普惠保险业务。

（一）农村小额信贷保险

农村小额信贷保险是保险公司在银行向农户发放小额贷款时，专为贷款农户提供的意外伤害保险，一般涵盖意外伤残及意外身故保险责任。

（二）农房保险

农房保险是由政府补贴，农户自愿参加的保险，一般农户保险每户保险费30元，农户只需交20元，其余10元由政府补贴，“五保户”保费全部由政府补贴，每户农户政府只补贴一处农房参加保险。

在保险期间，由于下列原因造成保险标的的损失，保险人按照保险合同的约定负责赔偿：火灾、爆炸；雷击、台风、龙卷风、暴雨、暴风、洪水、暴雪、冰雹、冰凌、泥石流、崖崩、突发性滑坡、地面突然下陷；飞行物体及其他空中运行物体坠落，外来不属于被保险人所有或使用的建筑物和其他固定物体的倒塌；地震。

（三）农机保险

农机保险是由保险人（包括各种保险组织）为农机拥有者、使用人员在农机田间作业、道路运输、农业生产、农产品加工等生产经营过程中，遭受自然灾害或者意外事故所造成的损失提供经济补偿的保险保障制度。

农机保险可以分为两类：一类是为了补偿农机拥有者在农机事故中因农机具损坏所造成的损失，主要是农机具损失险；另一类是为了补偿在农机事故中因人员伤亡造成的损失，主要包括人身伤害险和第三者责任险。

（四）农村小额人身保险

农村小额人身保险是为遭遇意外风险的农村居民提供补偿的一项保险服务产品，是新农合的有效补充，首次填补了意外事故、残疾赔付的空白，是政府推行的一项惠民工程。人身意外伤害保险是指投保人向保险公司缴纳一定金额的保费，当被保险人在保险期限内遭受意外伤害，并以此为直接原因造成死亡或残疾时，保险公司按照合同的约定向被保险人或受益人支付一定数量保险金的一种保险。

1. 参保对象

（1）具有农村户口，出生28天以上的农村居民都可以参加，年龄没有上限。

（2）无职业限制。保险的期限是1年，自保险合同生效之日起到约定终止日为止，到期可续保。

2. 农村小额人身保险的保险范围

被保险人如果因为意外的伤害而导致身故，可以获得

30 000 元的保险金。被保险人因为意外的伤害而导致身体残疾（在意外伤害发生之日起 180 日内，确定伤残等级）的，按国家的规定残疾比例给付保险金，最多可以赔付 30 000 元。被保险人因为意外的伤害而导致的医药费、诊疗费，按照合理的费用 80%报销，一次或累计赔付的保险金额为 3 000 元。在新农合报销之后，剩余还没有报完的部分可以利用农村小额人身保险继续报销。

需要注意的是，由于每个地区自身发展不同，具体参保和赔付规则，需要根据当地社保局规定为准。

第六章　农村科技与创新创业

第一节　农业科技政策

一、农业科技的含义与特点

农业科技是指揭示农业生物生长、发育、繁殖和环境规律的知识体系及运用其原理而创造的物质手段和技巧的总称。农业科技产生于农业生产，又反过来推动农业生产的发展。可以说，农业生产每一阶段的进步都以科学技术发展作为前提。现代社会由传统农业向现代农业的转化，体现为以高科技为主导的高能量、高物质投入代替经验型的简单体力劳动，以此促进农业生产水平的提高。

农业科技的研究和应用与其他领域的科学技术相比，有以下特点。

（一）综合性和关联性

农业生产受自然条件的影响，又受社会经济环境的制约，这些因素的相互交织作用，反映在农业科技上，就表现为一定的综合性和关联性。农业科技成果是农业多学科、多部门综合发展的结晶。同时，农业科技的发展，又受制于国家经济状况，各地区、各部门发展水平以及自然条件等相关因素。

（二）区域性强

农业生产具有极强的地域依附性。不同的地域具有不同的自然条件和经济条件，生长着与周围环境相适应的不同类别、不同品种的农作物。农业科技的研究与应用，一定要从当地农业资源实际出发，选择、开发和推广有效的适用技术。

（三）周期长、季节性强

农业生产过程是生物再生产的过程，受生物生长发育规律的限制，具有周期长和季节性强的特点，所以农业科技从研究、试验到推广应用，需要经历较长的过程。因此研究人员应该努力做好农业科研长期规划，准确选择重大科研项目。

（四）应用分散

农业生产规模受到土地经营规模的制约。我国实行家庭联产承包经营制，土地经营存在规模小、经营分散的特点，这在一定程度上削弱了科学技术成果转化为生产力的能力，也给农业科技推广工作带来了困难。农业经营与劳动的分散性，决定了对分散的农业劳动者进行技术培训、技术指导和咨询服务工作的重要性。

（五）保密性差

与其他科学技术成果相比，农业科技成果由于其试验范围广、周期长的特性，往往保密性较差，在中间试验以后便容易泄密，使其难以在大范围内销售。如有的优良品种一经推广之后，农民就可以自繁自用，邻里亲朋之间相互交换，便迅速地扩散开来。农业科技的这种特点，意味着对农业科技的投入不能完全由市场来决定，政府要承担在科技市场上无利或微利的农业科技投资。

二、农业科技推动农业生产的作用

农业科技对农业的促进作用主要表现为以下 3 个方面。

（一）促进自然资源的开发利用

农业科技的发明与进步，能使人类所拥有的有限的资源生产出不断增加的产品，显著地提高资源的产出率。例如，作物间种、套种技术的应用，提高了农作物的复种指数；旱、涝、盐、碱地的改造技术，使中、低产田变成高产田；海水、淡水养殖技术的进步，使沿海滩涂变成水产养殖场。农业科技使得人类对自然资源的开发和利用水平不断得以提高。

（二）提高动植物的生产能力

农业科技的进步，能显著提高农业生产的劳动对象——动植物自身的生产性能。例如，遗传学理论的应用，培育出一系列高产优质的动植物良种；全价饲料的使用，缩短了动物的饲养周期，提高了饲料的转化率。运用科学技术还可以改善动植物生长的环境条件，从而提高动植物的生产率。例如，化肥的使用，使植物赖以生存的土壤肥力得到补充；栽培技术和饲养技术的使用，也使动植物能够在更有利的条件下实现更高的产出。

（三）提高农业劳动生产率

人类农业生产率提高的历史就是农业机械进步的历史。农业动力机械和工程技术的应用，改变了农业生产手段，减轻了农业劳动者的劳动强度，同时也使劳动者摆脱生理条件的限制，扩大操作范围和管理幅度，从而提高劳动生产率。

三、农业科技工作的指导方针

目前，农业科技工作的指导方针是：自主创新，加速转化，提升产业，率先跨越。

（一）自主创新

自主创新，就是通过原始创新、集成创新和引进消化吸收再创新，在事关国计民生的社会公益领域具备先进实用科技成果的持续供给能力，在农业科学前沿和高新技术领域拥有一批自主知识产权的核心技术，降低对外技术的依存度。

（二）加速转化

加速转化，就是通过改善农业科技成果中试熟化条件，培育新型农民，推进农科教企大联合和产学研用相结合，突破农业科技成果成熟不够、转化不力和转移不畅的瓶颈，大幅度提高农业科技成果转化为现实农业生产力的速度和水平。

（三）提升产业

提升产业，就是通过发挥科技的先导作用，着力培育具有比较优势的区域性农业支柱产业和主导产品，提高农产品生产科技含量和转化增值能力，提升农业产业发展规模和层次，壮大现代农业发展的产业基础。

（四）率先跨越

率先跨越，就是通过体系建设和机制创新，大幅度提高创新能力和效率，加快创新型农业建设，使农业科技整体实力率先进入世界前列。

四、农业科技政策的目标与任务

在现代农业中，技术创新是一项有科学理论知识指导，由专门人员从事，以“试验试错”的方式进行，通过国家组织推动的活动。农业科技政策在其中起着保驾护航的作用。农业科技政策是指政府为了社会经济发展而确定和落实的关于农业科技发展、应用和保护的一系列战略、规划、纲要以及相关制度和规定。

（一）农业科技政策的目标

世界农业科技的发展和我国社会经济对农业提出的要求，都促使我国农业科技必须进行新的技术革命。为此，农业科技政策设计的总体目标应是：实施科教兴农战略，使农业科技率先跃居世界先进水平，依靠农业科技革命，促进农业产业革命。具体目标是：到 2030 年，力争关键农业技术领域达到世界领先水平，农业科技总体水平在世界中等农业发达国家中居领先地位，为中国人口高峰期的食物安全提供可靠的技术保障。农业科技总体水平达到或接近世界先进水平，科技在农业增长中的贡献率达到 70%~80%。

（二）农业科技政策的任务

农业科技政策的任务主要是：为农产品增产，特别是为粮食安全提供可靠的技术保障；为调整农业结构、增加农民收入提供强有力的技术保障；为生态环境建设提供全面的技术服务；为提高我国农业国际竞争力提供坚实的技术支持。

第二节　农业技术推广

为了加强农业技术推广工作，促使农业科研成果和实用技术尽快应用于农业生产，增强科技支撑保障能力，促进农业和农村经济可持续发展，实现农业现代化，我国制定了《中华人民共和国农业技术推广法》。

一、农业技术推广概述

农业技术推广应当遵循下列原则：有利于农业、农村经济可持续发展和增加农民收入；尊重农业劳动者和农业生产经营组织的意愿；因地制宜，经过试验、示范；公益性推广与经营性推广分类管理；兼顾经济效益、社会效益，注重生态效益。

国家鼓励和支持科技人员开发、推广应用先进的农业技术，鼓励和支持农业劳动者和农业生产经营组织应用先进的农业技术。国家鼓励运用现代信息技术等先进传播手段，普及农业科学技术知识，创新农业技术推广方式方法，提高推广效率。国家鼓励和支持引进国外先进的农业技术，促进农业技术推广的国际合作与交流。

各级人民政府应当加强对农业技术推广工作的领导，组织有关部门和单位采取措施，提高农业技术推广服务水平，促进农业技术推广事业的发展。

二、农业技术推广体系

农业技术推广，实行国家农业技术推广机构与农业科研单位、有关学校、农民专业合作社、涉农企业、群众性科技组织、农民技术人员等相结合的推广体系。国家鼓励和支持供销合作社、其他企业事业单位、社会团体以及社会各界的科技人员，开展农业技术推广服务。

根据科学合理、集中力量的原则以及县域农业特色、森林资源、水系和水利设施分布等情况，因地制宜设置县、乡镇或者区域国家农业技术推广机构。

乡镇国家农业技术推广机构，可以实行县级人民政府农业技术推广部门管理为主或者乡镇人民政府管理为主、县级人民政府农业技术推广部门业务指导的体制，具体由省、自治区、直辖市人民政府确定。

三、农业技术的推广与应用

向农业劳动者和农业生产经营组织推广的农业技术，必须在推广地区经过试验证明具有先进性、适用性和安全性。

国家鼓励和支持农业劳动者和农业生产经营组织参与农业技术推广。农业劳动者和农业生产经营组织在生产中应用先进的农业技术，有关部门和单位应当在技术培训、资金、物资和销售等方面给予扶持。农业劳动者和农业生产经营组织根据自愿的原则应用农业技术，任何单位或者个人不得强迫。推广农业技术，应当选择有条件的农户、区域或者工程项目，进行应用示范。县、乡镇国家农业技术推广机构应当组织农业劳动者学习农业科学技术知识，提高其应用农业技术的能力。

教育、人力资源和社会保障、农业、林业、水利、科学技术等部门应当支持农业科研单位、有关学校开展农业技术推广的职业技术教育和技术培训，提高农业技术推广人员和农业劳动者的技术素质。国家鼓励社会力量开展农业技术培训。

各级国家农业技术推广机构应当认真履行公益性职责，向农业劳动者和农业生产经营组织推广农业技术，实行无偿服务。国家农业技术推广机构以外的单位及科技人员以技术转让、技术服务、技术承包、技术咨询和技术入股等形式提供农业技术的，可以实行有偿服务，其合法收入和植物新品种、农业技术专利等知识产权受法律保护。进行农业技术转让、技术服务、技术承包、技术咨询和技术入股，当事人各方应当订立合同，约定各自的权利和义务。

国家鼓励和支持农民专业合作社、涉农企业，采取多种形式，为农民应用先进农业技术提供有关的技术服务。国家鼓励和支持以大宗农产品和优势特色农产品生产为重点的农业示范区建设，发挥示范区对农业技术推广的引领作用，促进农业产业化发展和现代农业建设。各级人民政府可以采取购买服务等方式，引导社会力量参与公益性农业技术推广服务。

第三节　农村创新创业

《人力资源社会保障部　财政部　农业农村部关于进一步推动返乡入乡创业工作的意见》(人社部发〔2019〕129号)明确提出，结合地方资源禀赋和产业优势，合理确定返乡入乡创业工作方向，鼓励发展“一县一品、一乡一业”创业模式，培育“一村一品”示范村镇；对首次创业、正常经营1年以上的返乡入乡创业人员，可给予一次性创业补贴。

《农业农村部办公厅　人力资源社会保障部办公厅关于印发〈扩大返乡留乡农民工就地就近就业规模实施方案〉的通知》(农办产〔2020〕2号)，引导返乡留乡农民工投入农业生产，领办合办农民合作社、农机服务社，开办家庭农场，兴办特色种植业和规模养殖业，推进农产品产业链、物流体系建设，扩大农业生产和服务领域的就业机会。

《农业农村部　国家发展改革委　教育部　科技部　财政部　人力资源社会保障部　自然资源部　退役军人部　银保监会关于深入实施农村创新创业带头人培育行动的意见》(农产发〔2020〕3号)，明确将返乡创业农民工列为扶持重点，引导有资金积累、技术专长、市场信息和经营头脑的返乡农民工重点发展特色种植业、规模养殖业、农产品加工流通业、乡村服务业、休闲旅游业、劳动密集型制造业等，吸纳更多农村劳动力就地就近就业。

一、实施农村创新创业带头人培育行动的意义

农村创新创业带头人饱含乡土情怀、具有超前眼光、充满创业激情、富有奉献精神，是带动农村经济发展和农民就业增收的

乡村企业家。培育农村创新创业带头人，就是培育农村创新创业的“领头雁”，培育乡村产业发展的动能。实施农村创新创业带头人培育行动意义重大。

(一) 实施国家创新驱动战略的迫切需要

近年来，农村创新创业日益成为国家创新驱动战略的重要“战场”。当前，我国经济已由高速增长阶段转向高质量发展阶段，大众创业万众创新持续向更大范围、更高层次和更深程度推进，对推动农村创新创业提出新的更高要求。但与城市相比，农村创新创业还存在质量相对较低，配套政策、服务和基础设施还相对薄弱等问题，亟需培育一批农村创新创业带头人，促进农村创新创业高质量发展。

(二) 实施乡村振兴战略的迫切需要

产业兴旺是乡村振兴的重点，创新创业是乡村产业振兴的动能。实施农村创新创业带头人培育行动，有利于吸引更多农民工、大中专毕业生、退役军人、科研人员等返乡入乡在乡开办新企业、开发新产品、开拓新市场、培育新业态，有利于促进农业与现代产业跨界配置要素，打通城乡人才、技术、资金等要素双向流动渠道，促进乡村全面振兴。

(三) 全面建成小康社会的迫切需要

全面建成小康社会，短板在农村，难点是农村贫困人口脱贫。实施农村创新创业带头人培育行动，培育一批带动农村经济发展和农民就业增收的乡村企业家，有利于激发返乡入乡人员自主创业、主动就业，形成创新带创业、创业带就业、就业促增收、致富奔小康的良好局面。

二、农村创新创业带头人培育的重点

近年来，返乡入乡创新创业已成为一种趋势。一大批农民工返乡创业，一大批退役军人、大中专毕业生和科技人员入乡创业，一大批“田秀才”“土专家”“乡创客”和能工巧匠在乡创业。这些都是农村创新创业带头人培育的重点对象。

（一）扶持返乡创业农民工

返乡农民工具有一定的资金积累、技术专长、市场信息和经营头脑，他们是农村创新创业带头人的主体。据调查，返乡农民工的创业成绩决定了农村创新创业总体情况。要支持引导返乡农民工重点发展特色种植业、规模养殖业、加工流通业、乡村服务业、休闲旅游业、劳动密集型制造业等，吸纳更多农村劳动力就地就近就业。

（二）鼓励入乡创业人员

近年来，大量经过系统教育训练、具有一技之长或掌握前沿科技的大中专毕业生、退役军人和科技人员入乡创业，为农村创新创业引入了新理念、应用了新技术、开发了新产品、拓展了新市场。相关部门要加快营造引得进、留得住、干得好的乡村营商环境，鼓励更多入乡人员发展智创、文创、农创等创意新颖、受众年轻、效益良好的乡村新产业新业态，通过培育一批优秀的入乡创业带头人，带动更多农民学技术、闯市场、创品牌，提升乡村产业的层次水平。

（三）发掘在乡创业能人

在乡村，潜藏有大批传承中国乡土文化、手工技艺等的“田秀才”“土专家”“乡创客”和能工巧匠。相关部门要将这些乡土人才挖掘出来，支持他们创办家庭工场、手工作坊、乡村车间，培育一批在乡创业能人，打造一批“乡字号”“土字号”乡土特色产品，保护传统手工艺，发掘乡村非物质文化遗产资源，带动农民就业增收。

三、农村创新创业带头人的政策支持

实施农村创新创业带头人培育行动，主要从“钱、地、人”3个方面给予政策支持。

在钱的方面，一是落实创业一次性补贴政策。对首次创业、正常经营1年以上的农村创新创业带头人，按规定给予一次性创业补贴。二是加强金融扶持。落实创业担保贷款贴息政策，重点扶持农村创新创业带头人。发挥国家融资担保基金等政府性融资担保体系作用，积极为农村创新创业带头人提供融资担保。此外，鼓励各地统筹利用现有资金渠道或有条件的地区因地制宜设立返乡入乡创业资金，并引导各类产业发展基金、创业投资基金投入农村创新创业带头人创办的项目。允许发行地方政府专项债券，支持农村创新创业园和孵化实训基地中符合条件的项目建设。

在地的方面，一是强化用地计划保障。各地新编县乡级国土空间规划、省级制定土地利用年度计划应做好农村创新创业用地保障。二是盘活现有土地资源。支持开展县域农村闲置宅基地、农业生产与村庄建设复合用地、村庄空闲地等土地综合整治，农村集体经营性建设用地、复垦腾退建设用地指标，优先用于乡村新产业新业态和返乡入乡创新创业。

在人的方面，一是政策激励。将农村创新创业带头人及其所需人才纳入地方政府人才引进政策奖励和住房补贴等范围。支持和鼓励科研人员按国家有关规定离岗入乡创业，允许科技人员以科技成果作价入股农村创新创业企业。二是社会保障。对符合条件的农村创新创业带头人及其共同生活的配偶、子女和父母全面放开城镇落户限制，纳入城镇住房保障范围，增加优质教育、住房等供给。加快推进全国统一的社会保险公共服务平台建设，切实为农村创新创业带头人及其所需人才妥善办理社保关系转移接续。

四、农村创新创业项目风险的防范

要解决农村创新创业项目风险，重点是要加强创业培训，搭建创业平台，优化创业服务。

（一）加强创业培训

要扩大培训范围，将农村创新创业带头人纳入创业培训重点对象，支持有意愿人员参加创业培训，符合条件的按规定纳入职业培训补贴范围。要创新培训方式，充分利用门户网站、远程视频、云互动平台等现代信息技术手段，提供灵活便捷的在线培训。要提升培训质量，推行互动教学、案例教学和现场观摩教学，组建专业化、规模化、制度化的创新创业导师队伍和专家顾问团，建立“一对一”“师带徒”培养机制。

（二）提供优质服务

要建设服务窗口，支持鼓励各级政府在门户网站设立农村创新创业网页专栏，县乡政府在政务大厅设立农村创新创业服务窗口，充分发挥基层乡村产业服务指导机构作用。要提供一站式服务，打通部门间信息查询互认通道，集中提供项目选择、技术支持、政策咨询、注册代办等一站式服务，推进政务服务“一网通办”、扶持政策“一键查询”。

（三）搭建创业平台

要建设农村创新创业园区，依托现代农业产业园、农产品加工园、高新技术园区等，建设一批乡情浓厚、特色突出、设施齐全的农村创新创业园区，吸纳农村创新创业企业入驻。要建设农村创新创业孵化实训基地，支持有条件的职业院校、企业深化校企合作，依托大型农业企业、知名村镇、大中专院校等建设一批集“预孵化+孵化器+加速器+稳定器”全产业链的农村创新创业孵化实训基地，帮助农村创新创业带头人开展上下游配套创业。

(四) 拓宽服务渠道

要培育社会化服务机构，积极培育市场化中介服务机构，发挥行业协会、商会作用，组建农村创新创业联盟，实现信息共享、抱团创业。要发展互联网创业，建立“互联网+创新创业”模式，推进农村创新创业带头人在线、实时与资本、技术、商超和电商对接，利用5G技术、云平台和大数据等创新创业。

第七章　农村社会保障

社会保障是指国家通过立法，积极动员社会各方面资源，保证无收入、低收入以及遭受各种意外灾害的公民能够维持生存，保障劳动者在年老、失业、患病、工伤、生育时的基本生活不受影响，同时根据经济和社会发展状况，逐步增进公共福利水平，提高国民生活质量。

第一节　新型农村社会养老保险

新型农村社会养老保险（简称新农保）是以保障农村居民年老时的基本生活为目的，建立个人缴费、集体补助、政府补贴相结合的筹资模式，养老待遇由社会统筹与个人账户相结合，与家庭养老、土地保障、社会救助等其他社会保障政策措施相配套，由政府组织实施的一项社会养老保险制度，是国家社会保险体系的重要组成部分。2014 年，国务院决定，将新型农村社会养老保险和城镇居民社会养老保险两项制度合并实施，在全国范围内建立统一的城乡居民基本养老保险制度。

一、新农保参保范围

年满 16 周岁（不含在校学生）、未参加城镇职工基本养老保险的农村居民，可以在户籍地自愿参加新农保。

二、新农保的基金筹集

新农保基金由个人缴费、集体补助、政府补贴构成。

(一) 个人缴费

参加新农保的农村居民应当按规定缴纳养老保险费。缴费标准设为每年 100 元、200 元、300 元、400 元、500 元 5 个档次，地方可以根据实际情况增设缴费档次。参保人自主选择档次缴费，多缴多得。国家依据农村居民人均纯收入增长等情况适时调整缴费档次。

(二) 集体补助

有条件的村集体应当对参保人缴费给予补助，补助标准由村民委员会召开村民会议民主确定。鼓励其他经济组织、社会公益组织、个人为参保人缴费提供资助。

(三) 政府补贴

政府对符合领取条件的参保人全额支付新农保基础养老金，其中中央财政对中西部地区按中央确定的基础养老金标准给予全额补助，对东部地区给予 50%的补助。

地方政府应当对参保人缴费给予补贴，补贴标准不低于每人每年 30 元；对选择较高档次标准缴费的，可给予适当鼓励，具体标准和办法由省（区、市）人民政府确定。对农村重度残疾人等缴费困难群体，地方政府为其代缴部分或全部最低标准的养老保险费。

三、建立个人账户

国家为每个新农保参保人建立终身记录的养老保险个人账户。个人缴费，集体补助及其他经济组织、社会公益组织、个人对参保人缴费的资助，地方政府对参保人的缴费补贴，全部记入个人账户。个人账户储存额每年参考中国人民银行公布的金融机构人民币一年期存款利率计息。

四、缴费方式

（一）定时缴费

收入比较稳定的农村居民可以选用此方法，可按月或按季缴纳费用，也可以按半年或按年缴纳保费。

（二）不定时缴费

收入不稳定的农村居民可以选用此方法，丰年多缴，歉年少缴，灾年缓缴。

（三）一次性缴费

年龄偏大且经济条件较好的农村居民，可以选择将保费一次性缴足，年满 60 周岁起就可按月领取养老金。

五、养老金待遇

养老金待遇由基础养老金和个人账户养老金组成，支付终身。

（一）基础养老金

根据《人力资源社会保障部　财政部　关于 2022 年提高城乡居民基本养老保险全国基础养老金最低标准的通知》（人社部发〔2022〕36 号），自 2022 年 7 月 1 日起，将城乡居民基本养老保险全国基础养老金最低标准提高至每人每月 98 元，即在原每人每月 93 元的基础上增加 5 元。地方政府可以根据实际情况提高基础养老金标准，对于长期缴费的农村居民，可适当加发基础养老金，提高和加发部分的资金由地方政府支出。

（二）个人账户养老金

个人账户养老金的月计发标准为个人账户全部储存额除以

139（与现行城镇职工基本养老保险个人账户养老金计发系数相同）。参保人死亡，个人账户中的资金余额，除政府补贴外，可以依法继承；政府补贴余额用于继续支付其他参保人的养老金。

六、养老金待遇领取条件

年满60周岁、未享受城镇职工基本养老保险待遇的农村有户籍的老年人，可以按月领取养老金。

新农保制度实施时，已年满60周岁、未享受城镇职工基本养老保险待遇的，不用缴费，可以按月领取基础养老金，但其符合参保条件的子女应当参保缴费；距领取年龄不足15年的，应按年缴费，也允许补缴，累计缴费不超过15年；距领取年龄超过15年的，应按年缴费，累计缴费不少于15年。

要引导中青年农民积极参保、长期缴费，长缴多得。具体办法由省（区、市）人民政府规定。

第二节　新型农村合作医疗

新型农村合作医疗（简称新农合），是指由政府组织、引导、支持，农民自愿参加，个人、集体和政府多方筹资，以大病统筹为主的农民医疗互助共济制度。

一、建立新农合应遵循的原则

（一）自愿参加，多方筹资

农民以家庭为单位自愿参加新型农村合作医疗，遵守有关规章制度，按时足额缴纳合作医疗经费；乡（镇）、村集体给予资金扶持；中央和地方各级财政每年安排一定专项资金予以支持。

（二）以收定支，保障适度

坚持以收定支、收支平衡的原则，既保证这项制度持续有效运行，又使农民能够享有最基本的医疗服务。

（三）先行试点，逐步推广

从实际出发，通过试点总结经验，不断完善，稳步发展。随着农村社会经济的发展和农民收入的增加，逐步提高新型农村合作医疗制度的社会化程度和抗风险能力。

二、新农合的筹资标准

新农合实行个人缴费、集体扶持和政府资助相结合的筹资机制。

（一）农民个人缴费标准

农民个人每年的缴费标准不应低于 10 元，经济条件好的地区可相应提高缴费标准。

（二）乡村集体经济组织扶持

有条件的乡村集体经济组织应对本地新型农村合作医疗制度给予适当扶持。扶持新型农村合作医疗的乡村集体经济组织类型、出资标准由县级人民政府确定，但集体出资部分不得向农民摊派。鼓励社会团体和个人资助新型农村合作医疗制度。

（三）地方财政支持

地方财政每年对参加新型农村合作医疗农民的资助不低于人均 10 元，具体补助标准和分级负担比例由省级人民政府确定。经济较发达的东部地区，地方各级财政可适当增加投入。从 2003 年起，中央财政每年通过专项转移支付对中西部地区除市区以外的参加新型农村合作医疗的农民按人均 10 元安排补助资金。

（四）可以参加新农合的人员

除已参加城镇职工基本医疗保险的居民外，其余农村居民均应参加户口所在地的新型农村合作医疗。

由于合作医疗属于互助共济性质，所以必须是以家庭为单位，实行整户参保，避免保大不保小、保弱不保强，中小学生必须与其家庭成员一并参加合作医疗。

三、新农合医药费用报销要求

（一）报销材料、手续和程序

所需材料：住院发票原件；出院记录；医药费用清单或医嘱单（由就诊医院提供）；本人身份证明（身份证复印件或户籍证明）；其他（转诊证明、打工地证明等）。

手续和程序：患者在市内就诊，直接在各定点医疗机构结算住院费用；转市外的住院费用，在1个月内将上述材料交本乡镇卫生院（合管所）经办人员办理结报手续，经初审后，由乡镇集中送交市医保处结算。

参合人员在本市各定点医疗服务机构（卫生院）住院治疗不需办理任何手续。但因病情需要转市外就诊治疗的，由经治医生填写病情诊断，医疗机构医保办审批，报市合管办备查。急诊在十日内按规定程序补办。

（二）外出打工人员的医药费报销手续

外出打工者住院治疗，除需提供住院发票、出院记录、医药费用清单（或医嘱单）、身份证明外，还需提供打工地的打工证明材料（可由打工所在地的居委会或工厂等单位提供）。否则，按无转诊证明比例结算。

四、新农合的资金管理

农村合作医疗基金是由农民自愿缴纳、集体扶持、政府资助的民办公助社会性资金，要按照以收定支、收支平衡和公开、公平、公正的原则进行管理，必须专款专用，专户储存，不得挤占挪用。

（一）农村合作医疗基金的管理

农村合作医疗基金由农村合作医疗管理委员会及其经办机构进行管理。农村合作医疗经办机构应在管理委员会认定的国有商业银行设立农村合作医疗基金专用账户，确保基金的安全和完整，并建立健全农村合作医疗基金管理的规章制度，按照规定合理筹集、及时审核支付农村合作医疗基金。

（二）农村合作医疗基金专用账户

农村合作医疗基金中农民个人缴费及乡村集体经济组织的扶持资金，原则上按年由农村合作医疗经办机构在乡（镇）设立的派出机构（人员）或委托有关机构收缴，存入农村合作医疗基金专用账户；地方财政支持资金，由地方各级财政部门根据参加新型农村合作医疗的实际人数，划拨到农村合作医疗基金专用账户；中央财政补助中西部地区新型农村合作医疗的专项资金，由财政部根据各地区参加新型农村合作医疗的实际人数和资金到位等情况核定，向省级财政划拨。

中央和地方各级财政要确保补助资金及时、全额拨付到农村合作医疗基金专用账户，并通过新型农村合作医疗试点逐步完善补助资金的划拨办法，尽可能简化程序，易于操作。要结合财政国库管理制度改革和完善情况，逐步实现财政直接支付。

（三）农村合作医疗基金主要补助费用

农村合作医疗基金主要补助参加新型农村合作医疗农民的大额医疗费用或住院医疗费用。有条件的地方，可实行大额医疗费用补助与小额医疗费用补助结合的办法，既提高抗风险能力又兼顾农民受益面。对参加新型农村合作医疗的农民，年内没有动用农村合作医疗基金的，要安排进行一次常规性体检。

各省、自治区、直辖市要制订农村合作医疗报销基本药物目录。各县（市）要根据筹资总额，结合当地实际，科学合理地确定农村合作医疗基金的支付范围、支付标准和额度，确定常规性体检的具体检查项目和方式，防止农村合作医疗基金超支或过多结余。

（四）加强对农村合作医疗基金的监管

农村合作医疗经办机构要定期向农村合作医疗管理委员会汇报农村合作医疗基金的收支、使用情况；要采取张榜公布等措施，定期向社会公布农村合作医疗基金的具体收支、使用情况，保证参加合作医疗农民的参与、知情和监督的权利。县级人民政府可根据本地实际，成立由相关政府部门和参加合作医疗的农民代表共同组成的农村合作医疗监督委员会，定期检查、监督农村合作医疗基金使用和管理情况。

农村合作医疗管理委员会要定期向监督委员会和同级人民代表大会汇报工作，主动接受监督。审计部门要定期对农村合作医疗基金收支和管理情况进行审计。

五、新农合报销范围与比例

（一）门诊补偿

（1）村卫生室及村中心卫生室就诊报销 60%，每次就诊处方药费限额 10 元，卫生院医生临时补液处方药费限额 50 元。

（2）乡镇卫生院就诊报销 40%，每次就诊各项检查费及手术费限额 50 元，处方药费限额 100 元。

（3）二级医院就诊报销 30%，每次就诊各项检查费及手术费限额 50 元，处方药费限额 200 元。

（4）三级医院就诊报销 20%，每次就诊各项检查费及手术费限额 50 元，处方药费限额 200 元。

（5）中药发票附上处方每贴限额 1 元。

(6) 镇级合作医疗门诊补偿年限额 5 000 元。

(二) 住院补偿

(1) 报销范围。药费；辅助检查，包括心脑电图、X 线透视、拍片、化验、理疗、针灸、CT、核磁共振等各项检查费限额 200 元；手术费（参照国家标准，超过 1 000 元的按 1 000 元报销)。60 周岁以上老人在乡镇卫生院住院，治疗费和护理费每天补偿 10 元，限额 200 元。

(2) 报销比例。乡镇卫生院报销 60%；二级医院报销 40%；三级医院报销 30%。

(三) 大病补偿

(1) 乡镇风险基金补偿。凡参加农村合作医疗保险的住院病人一次性或全年累计应报医疗费超过 5 000 元分段补偿，即 5 001~10 000 元补偿 65%，10 001~18 000 元补偿 70%。

(2) 乡镇级合作医疗住院及尿毒症门诊血透、肿瘤门诊放疗和化疗补偿年限额 1.1 万元。

第三节　农村社会救助制度

一、农村社会救助的含义

社会救助，是指国家与社会面向由贫困人口与不幸者组成的社会脆弱群体提供款物接济和扶助的一种生活保障政策，它通常被视为政府的当然责任或义务，采取的也是非供款制、无偿救助的方式，目的是帮助社会脆弱群体摆脱生存危机，进而维护社会秩序的稳定。

农村社会救助是指国家和集体对农村中生活困难的贫困人员采取物质帮助、扶持生产等多种形式以保障其基本生活的一种社会救助制度。

二、社会救助的对象

我国的社会救助的对象主要由 3 部分人员组成。

(1) 无依无靠、没有劳动能力、没有生活来源的“三无”人员，主要包括孤儿、残疾人以及没有参加社会保险且无子女的老人。

(2) 有收入来源，但生活水平低于法定最低标准的人。这部分人群也可称为贫困人口，即生活水平低于国家规定的最低生活标准的社会成员。

(3) 有劳动能力、有收入来源，但由于意外的自然灾害或社会灾害，而使生活一时无法维持的人。这部分人群俗称灾民，即遭受灾害的严重侵袭而使生活一时陷入困境的社会成员。

三、社会救助体系

社会救助体系是指一个国家或地区对于低收入群体及不幸者进行各种救助项目所形成的一整套制度框架体系。社会救助体系，按照不同的划分标准，可以做不同的分类。

依据救助的实际内容，社会救助可分为生活救助、灾害救助、失业救助、住房救助、医疗救助、教育救助、法律援助、农村扶贫开发等

(1) 生活救助是指对家庭人均收入低于贫困线或当地最低生活保障标准的贫困人口，实行差额补助的一种社会救助。中国的最低生活保障制度是一种生活救助，其最显著的特点就是解决保障对象的最低生活保障问题，而不是改善其生活。

(2) 灾害救助是指当社会成员遭受自然灾害袭击而造成生活困难时，由国家和社会紧急提供援助的一种社会救助，目的在

于帮助社会成员度过灾害发生带来的生活困境。如地震救助、洪水救助等。灾害救助包括现金救助、实物救助以及以工代赈等。

(3) 失业救助是与失业保险制度相配套的制度安排，其救助对象是因失业救济金低下无法维持基本生活或失业保险期满仍未找到工作，生活陷入困境者。其特点是不受时间限制，在失业者重新找到工作之前可以长期享受。

(4) 住房救助是指政府向低收入家庭和其他需要保障的特殊家庭提供住房租金补贴或以低廉租金配租住房的一种社会救助。其实质就是由政府承担住房市场费用与居民支付能力之间的差额，解决部分居民因住房支付能力不足而居无定所的问题。

(5) 医疗救助是指对贫困人口中因病而没有经济能力进行治疗的人，实施专项帮助和支持的一种社会救助。其特点是在政府主导下，社会广泛参与，通过医疗机构实施，旨在恢复其受助对象的健康。

(6) 教育救助是国家和社会为保障适龄人口获得接受教育的公平机会而对贫困地区和贫困家庭子女提供物质援助的一种社会救助。其特点是通过减免学杂费用、资助学杂费等方式帮助贫困人口完成相关阶段的学业，以提高其文化技能。

(7) 法律援助是指国家在司法制度运行中对因贫困及其他原因导致的难以通过一般意义上的法律手段保障自身基本社会权利的社会成员，通过减免收费、提供法律帮助等实现其司法权益的一种社会救助。与其他社会救助项目不同的是，法律援助是以司法救济的形式出现的，其直接目的是实现司法公正与正义。法律援助的主要内容包括诉讼费减免、免费提供律师、公证和法律咨询服务等。

(8) 农村扶贫开发是指国家和社会通过包括政策、资金、物资、技术、信息、劳务、就业等方面的外部投入，对贫困地区的经济运行状态进行调整、优化，在此基础上实现贫困地区经济的良性增长，进而缓解贫困地区的贫困，促使贫困人口逐渐摆脱贫困的政策体系。它虽然与其他社会救助项目相比，主要是面向区域而不是直接面向贫困家庭与个人，但追求的目的仍然是社会救助要达到的目标，并且同样需要运用政府的公共权力与公共资源，从而仍然可以纳入到现代社会救助体系中来。

依据救助的手段来划分，社会救助可以划分为现金救助、实物救助、服务救助和以工代赈等。

(1) 现金救助是指以发放现金的形式为救助对象提供帮助的社会救助形式，费用的减免或核销其实也是现金救助，它是现代社会救助的主要形式。现金救助的优点是受助者可以根据自己的需要来将其转换为各种物质或服务，从而更有利于实现据需保障。在社会救助中，现金救助采用得最为普遍。

(2) 实物救助是指以发放物资的形式为救助对象提供帮助的社会救助形式，它是一种传统的救助形式。实物救助的优点是所发的物资可以直接消费，救助的效果比较快捷，因此，在现代社会它主要在灾害救助中被经常采用。

(3) 服务救助是指针对特殊的救助对象提供生活照顾和护理等服务的一种救助。主要包括了对高龄老人的护理服务、对孤儿的关爱和照顾等。

(4) 以工代赈是指为救助对象提供相应的工作或就业机会并发放劳动报酬的一种救助。在灾害救助与农村扶贫开发中，以工代赈就是一种被国内外较为广泛采用的救助手段。

实际上，许多救助项目在实践中并不限于使用上述一种手段，而是可能两种或多种救助同时采用。

第四节　农村五保供养制度

农村五保供养是依法在吃、穿、住、医、葬等方面给予村民的生活照顾和物质帮助。这一制度最早形成于农业合作化时期。为了做好农村五保供养工作，保障农村五保供养对象的正常生活，促进农村社会保障制度的发展，国务院于 2006 年通过了《农村五保供养工作条例》。

一、供养对象

老年、残疾或者未满 16 周岁的村民，无劳动能力、无生活来源又无法定赡养、抚养、扶养义务人，或者其法定赡养、抚养、扶养义务人无赡养、抚养、扶养能力的，享受农村五保供养待遇。

享受农村五保供养待遇，应当由村民本人向村民委员会提出申请；因年幼或者智力残疾无法表达意愿的，由村民小组或者其他村民代为提出申请。经村民委员会民主评议，对符合规定条件的，在本村范围内公告；无重大异议的，由村民委员会将评议意见和有关材料报送乡、民族乡、镇人民政府审核。乡、民族乡、镇人民政府应当自收到评议意见之日起 20 日内提出审核意见，并将审核意见和有关材料报送县级人民政府民政部门审批。县级人民政府民政部门应当自收到审核意见和有关材料之日起 20 日内作出审批决定。对批准给予农村五保供养待遇的，发给《农村五保供养证书》；对不符合条件不予批准的，应当书面说明理由。乡、民族乡、镇人民政府应当对申请人的家庭状况和经济条件进行调查核实；必要时，县级人民政府民政部门可以进行复核。申请人、有关组织或者个人应当配合、接受调查，如实提供有关情况。

农村五保供养对象不再符合规定条件的，村民委员会或者敬老院等农村五保供养服务机构（以下简称农村五保供养服务机构）应当向乡、民族乡、镇人民政府报告，由乡、民族乡、镇人民政府审核并报县级人民政府民政部门核准后，核销其《农村五保供养证书》。农村五保供养对象死亡，丧葬事宜办理完毕后，村民委员会或者农村五保供养服务机构应当向乡、民族乡、镇人民政府报告，由乡、民族乡、镇人民政府报县级人民政府民政部门核准后，核销其《农村五保供养证书》。

二、供养内容

农村五保供养包括下列供养内容：供给粮油、副食品和生活用燃料；供给服装、被褥等生活用品和零用钱；提供符合基本居住条件的住房；提供疾病治疗，对生活不能自理的给予照料；办理丧葬事宜。

农村五保供养对象未满 16 周岁或者已满 16 周岁仍在接受义务教育的，应当保障他们依法接受义务教育所需费用。农村五保供养对象的疾病治疗，应当与当地农村合作医疗和农村医疗救助制度相衔接。

农村五保供养标准不得低于当地村民的平均生活水平，并根据当地村民平均生活水平的提高适时调整。农村五保供养标准，可以由省、自治区、直辖市人民政府制定，在本行政区域内公布执行，也可以由设区的市级或者县级人民政府制定，报所在的省、自治区、直辖市人民政府备案后公布执行。国务院民政部门、国务院财政部门应当加强对农村五保供养标准制定工作的指导。

农村五保供养资金，在地方人民政府财政预算中安排。有农村集体经营等收入的地方，可以从农村集体经营等收入中安排资金，用于补助和改善农村五保供养对象的生活。农村五保供养对象将承包土地交由他人代耕的，其收益归该农村五保供养对象所有。中央财政对财政困难地区的农村五保供养，在资金上给予适当补助。农村五保供养资金，应当专门用于农村五保供养对象的生活，任何组织或者个人不得贪污、挪用、截留或者私分。

三、供养形式

农村五保供养对象可以在当地的农村五保供养服务机构集中供养，也可以在家分散供养。农村五保供养对象可以自行选择供养形式。集中供养的农村五保供养对象，由农村五保供养服务机构提供供养服务；分散供养的农村五保供养对象，可以由村民委员会提供照料，也可以由农村五保供养服务机构提供有关供养服务。

各级人民政府应当把农村五保供养服务机构建设纳入经济社会发展规划。县级人民政府和乡、民族乡、镇人民政府应当为农村五保供养服务机构提供必要的设备、管理资金，并配备必要的工作人员。

农村五保供养服务机构应当建立健全内部民主管理和服务管理制度。农村五保供养服务机构工作人员应当经过必要的培训。农村五保供养服务机构可以开展以改善农村五保供养对象生活条件为目的的农副业生产。地方各级人民政府及其有关部门应当对农村五保供养服务机构开展农副业生产给予必要的扶持。

乡、民族乡、镇人民政府应当与村民委员会或者农村五保供养服务机构签订供养服务协议，保证农村五保供养对象享受符合要求的供养。村民委员会可以委托村民对分散供养的农村五保供养对象提供照料。

第八章　农民权益保护

第一节　农民的基本权益

农民权益是指农村居民作为社会成员、国家公民应享有的权利以及这些权利在法律上的反映、体现和实现程度。农民权益的表现形式多种多样，但最重要的是关乎农民经济、政治和社会权益。

一、农民的经济权益

土地权益是农民诸多权益的重中之重，保护农民的土地权利，是对农民权益最直接、最具体、最实在的保护。但目前在土地征用方面普遍存在侵害农民权益的问题。因此，各级机关应加强执法监督，保证《土地管理法》《农村土地承包法》等法律法规得到切实有效的施行。要坚决纠正乱占滥用耕地，违法转让农村土地，随意破坏农村土地承包关系，造成农民失地又失业，严重损害农民利益和国家利益的行为。

保护农民的经济权益，首先要确认农民的土地承包权利。土地是农业生产的最基本要素，也是农民最基本的生活保障和最核心的利益问题。农民在土地方面面临的突出问题主要有以下 3 点。一是土地承包关系不稳定。一些地方仍存在承包期内随意调整承包地的现象，一些村集体甚至违背农民意愿，违法收回农户承包地，侵害了农民的合法权益。农民承包地块面积不准、四至不清、位置不明、期限不定等情况也很普遍。二是土地流转机制不健全。一些地方土地流转存在求大、求快倾向，超越了当地农村劳动力转移的速度。还有一些地方为吸引投资，行政推动土地大规模向工商资本集中，出现了与农民争利和“土地非农化”现象。一些地方土地流转市场不完善，农民的土地流转收益得不到保障，农民对土地流转心存顾虑，不敢流转，不愿流转。三是财产权益保障不力。主要是征地过程中侵害农民利益的问题比较突出。一些地方征地规模过大，不尊重农民意愿，强行征地，补偿标准太低，对失地农民不能妥善安置。这方面的问题解决不好，会妨碍现代农业发展，损害农民利益，影响农村长期稳定。

保护农民的经济权益，还应充分发挥村民委员会、农业合作社等民间力量在农村纠纷中的调解作用，发挥各级行政机关的行政解决机制，发挥各级人民法院在农村纠纷中的诉讼解决机制，构建起农民权益受损后的多元救济途径。

二、农民的政治权益

政治权益是经济利益的根本保障。一个政治权益没有保障的社会阶层，其经济利益也不会安全。因此，应加强对农民政治权益的保护。要在各级人民代表大会中增加农民代表名额，扩大民意诉求通道，保证农民以合法正当的方式表达自己的权益。要解决县、乡（镇）农民代表中代表素质不高、代表意识不强的问题，不断提高农民代表履行职责的能力和水平，以有效地维护农民群众的合法权益。还要加强对《中华人民共和国村民委员会组织法》（以下简称《村民委员会组织法》）实施情况的监督检查，加快推进基层民主政治建设，拓展农民利益表达渠道，健全村民议事会、监事会等农村自治组织和各类经济合作组织，积极推行

"村务公开、村民自治"，真正做到民主选举、民主决策、民主管理、民主监督，使农民在村集体公共事务决策中有制度性的"话语权"，保障农民公平竞争、平等发展的机会和条件。同时，要强化对农民的法律援助工作，为其保护自身合法权益提供免费的法律服务。

《村民委员会组织法》是为了保障农村村民实行自治，由村民依法办理自己的事情，发展农村基层民主，维护村民的合法权益，促进社会主义新农村建设而制定的法律。《村民委员会组织法》具体规定了村民委员会是村民自我管理、自我教育、自我服务的基层群众性自治组织，实行民主选举、民主决策、民主管理、民主监督。

三、农民的社会权益

农民的社会权益主要有劳动就业权、受教育权、社会保障权、受尊重权、婚姻家庭继承权等。

农民进城打工，应当受到法律保护，国家应健全农民工权益保护体系；进一步健全相关法律制度，明确农民工的基本权利和合法权益，对农民工的职业培训、就业指导、劳动条件、居住环境、政治权利、子女入学等作出具体规定；加大劳动执法力度，明确监督主体的职责和权限，建立严格而科学的执法监督机制。

提高农民工素质，增强其就业能力和维权意识。鼓励用人单位和社会力量开展农民工职业技能培训，引导农民工参加培训；加强法治宣传，让农民工了解法律援助、劳动仲裁和民事诉讼等相关法律知识以及自身所享有的合法权益，引导他们通过法律手段维护合法权益；加强服务农民的法律援助机构和队伍建设；逐步建立国家财政支持与社会慈善行为相结合的法律援助模式，加强对农民的法律援助。

司法部门在承接农民、农民工的诉讼请求时，应在坚持秉公执法的前提下，给予其更多的帮助和方便。有关组织、协会（如妇联、工会、产业协会）等应对农民、农民工的诉讼请求提供帮助，降低其维权成本。

第二节　婚姻家庭权利

一、《民法典》遵循的基本原则

婚姻家庭受国家保护。实行婚姻自由、一夫一妻、男女平等的婚姻制度。保护妇女、未成年人、老年人、残疾人的合法权益。

民法调整平等主体的自然人、法人和非法人组织之间的人身关系和财产关系。

（一）婚姻自由原则

(1) 婚姻自由是指双方依照法律规定，自主自愿地决定自己的婚姻问题，不受任何人的强迫或者非法干涉。婚姻自由意味着当事人可以选择结婚，可以选择离婚，也可以选择不结婚。

(2) 婚姻自由是相对自由。任何权利都不是绝对的。实行婚姻自由并不是允许人们可以违反法律、违背道德为所欲为。《民法典》第五编“婚姻家庭”规定了结婚的条件和程序，也规定了离婚的程序和处理原则，这些规定具体指明了婚姻自由的范围，划清了婚姻问题上合法与违法的界限。

(3) 婚姻自由的内容。一是结婚自由。结婚自由是指双方在本人自愿的基础上，自主决定与谁结婚，不许任何一方对他方强迫或任何第三者干涉。二是离婚自由。离婚自由是指夫妻有依法解除婚姻关系的自由。

离婚自由与结婚自由密不可分，共同构成婚姻自由原则的完整含义。法律禁止包办、买卖婚姻和其他干涉婚姻自由的行为，禁止借婚姻索取财物。

（二）一夫一妻原则

在我国，一男一女结为夫妻是唯一合法的婚姻形式，未婚男女不得同时和两个或两个以上的人结婚。有配偶者在配偶死亡或离婚前，不得再婚。任何公开或隐蔽的一夫多妻或一妻多夫都是违法的。

（三）男女平等原则

这是指男女两性在婚姻家庭关系中处于平等地位，享有同等的权利，负担同等的义务，禁止一切性别歧视。

（四）保护妇女、未成年人、老年人和残疾人的合法权益原则

保护妇女、未成年人、老年人和残疾人在婚姻家庭方面的合法权益。《民法典》第一千零四十三条明确规定，家庭应当树立优良家风，弘扬家庭美德，重视家庭文明建设。夫妻应当互相忠实，互相尊重，互相关爱；家庭成员应当敬老爱幼，互相帮助，维护平等、和睦、文明的婚姻家庭关系。

(1) 禁止家庭暴力。《中华人民共和国反家庭暴力法》（以下简称《反家庭暴力法》）第三条规定，国家禁止任何形式的家庭暴力。这表明国家对家庭暴力持零容忍的态度。《反家庭暴力法》首次建立了人身安全保护令制度，当事人因遭受家庭暴力或者面临家庭暴力的现实危险，向人民法院申请人身安全保护令的，人民法院应当在七十二小时内作出裁定，情况紧急的应当在二十四小时内作出。

(2) 禁止虐待和遗弃家庭成员。虐待是指以作为和不作为的形式，对家庭成员歧视、折磨、摧残，使其在精神上、肉体上

遭受损害的违法行为，如打骂、恐吓、冻、饿、患病不予治疗、限制人身自由、在居住条件上的歧视性待遇等。遗弃是指家庭成员中负有抚养、赡养、扶养义务的一方，对于年老、年幼、患病或其他没有独立生活能力，需要有抚养、赡养、扶养的另一方，故意不履行其应尽义务的行为。与虐待不同的是，遗弃一般表现为不作为的方式。

二、结婚制度

（一）结婚的条件

根据《民法典》的规定，当事人结婚必须具有以下 3 个条件。

（1）必须男女双方完全自愿。

（2）必须达到法定婚龄。法定婚龄是指法律规定的最低结婚年龄，即结婚当事人在此年龄以上才可以结婚，在此以下不许结婚。《民法典》第一千零四十七条规定，结婚年龄，男不得早于二十二周岁，女不得早于二十周岁。

（3）必须符合一夫一妻制原则。一夫一妻制要求结婚的当事人必须属于单身无配偶身份。有配偶者只能在原婚姻关系终止后才可以再婚，否则构成重婚。离婚的双方要求复婚，必须是双方单身情况。任何人不论职务、年龄、性别等不同，要求结婚的双方必须符合一夫一妻制。

结婚的禁止条件，又称消极条件，或者婚姻的障碍，是法律不允许结婚的情况。《民法典》第一千零四十八条规定，直系血亲或者三代以内的旁系血亲禁止结婚。

（二）无效婚姻

《民法典》规定的无效婚姻有 3 种情形。有下列情形之一的，婚姻无效：①重婚；②有禁止结婚的亲属关系；③未到法定婚龄。

（三）可撤销婚姻

我国法律规定的可以撤销的婚姻包括两类。

（1）受胁迫的婚姻。《民法典》第一千零五十二条规定，因胁迫结婚的，受胁迫的一方可以向人民法院请求撤销婚姻。请求撤销婚姻的，应当自胁迫行为终止之日起一年内提出。被非法限制人身自由的当事人请求撤销婚姻的，应当自恢复人身自由之日起一年内提出。

（2）一方患有重大疾病的，婚前不如实告知的婚姻。《民法典》第一千零五十三条规定，一方患有重大疾病的，应当在结婚登记前如实告知另一方；不如实告知的，另一方可以向人民法院请求撤销婚姻。请求撤销婚姻的，应当自知道或者应当知道撤销事由之日起一年内提出。

无效的或者被撤销的婚姻自始没有法律约束力，当事人不具有夫妻的权利和义务。

三、离婚制度

（一）离婚的概念

离婚又称离异、婚姻关系的解除，是配偶在生存期间依法解除婚姻关系的行为。

（二）协议离婚

协议离婚又称两愿离婚、登记离婚，是指夫妻双方签订离婚协议，通过行政程序解除婚姻关系的一种离婚方式。

（三）诉讼离婚

诉讼离婚又称判决离婚，是由法院调解或判决解除婚姻关系的一种离婚方式。适用于一方要求离婚或双方对子女抚养及财产分割有争议的离婚。

（四）判决准予离婚的法定条件

夫妻感情破裂是判决准予离婚的法定条件。

法律规定的情形是我国离婚制度中判决准予离婚的法定理由，也是人民法院处理离婚纠纷的基本原则和法定依据。《民法典》第一千零七十九条规定，人民法院审理离婚案件，应当进行调解；如果感情确已破裂，调解无效的，应当准予离婚。

有下列情形之一，调解无效的，应当准予离婚：①重婚或者与他人同居；②实施家庭暴力或者虐待、遗弃家庭成员；③有赌博、吸毒等恶习屡教不改；④因感情不和分居满二年；⑤其他导致夫妻感情破裂的情形。

一方被宣告失踪，另一方提起离婚诉讼的，应当准予离婚。经人民法院判决不准离婚后，双方又分居满一年，一方再次提起离婚诉讼的，应当准予离婚。

第三节　继承权利

一、继承及继承权的概念

继承是指死者将其生前所享有的权利在死亡时依法转移于其他主体所有的制度。继承权是指继承人依法享有的继承被继承人遗产的权利。

在继承法律关系中，将生前所享有的权利于死亡时转移给其他主体的死者为被继承人，依法享有被继承人权利的人为继承人，被继承人死亡后遗留给继承人的合法权利为遗产，继承人依法享有的继承被继承人合法利益的权利为继承权。

二、继承的顺位

《民法典》第一千一百二十七条规定，遗产按照下列顺序继承。第一顺序：配偶、子女、父母；第二顺序：兄弟姐妹、祖父母、外祖父母。

继承开始后，由第一顺序继承人继承，第二顺序继承人不继承；没有第一顺序继承人继承的，由第二顺序继承人继承。继承权男女平等，继承开始后，按照法定继承办理；有遗嘱的，按照遗嘱继承或者遗赠办理；有遗赠扶养协议的，按照协议办理。

三、继承遗产的分配原则

（1）同一顺序继承人继承遗产的份额，一般应当均等。

（2）对生活有特殊困难又缺乏劳动能力的继承人，分配遗产时，应当予以照顾。

（3）对被继承人尽了主要扶养义务或者与被继承人共同生活的继承人，分配遗产时，可以多分。

（4）有扶养能力和有扶养条件的继承人，不尽扶养义务的，分配遗产时，应当不分或者少分。

（5）继承人协商同意的，也可以不均等。

（6）对继承人以外的依靠被继承人扶养的人，或者继承人以外的对被继承人扶养较多的人，可以分给适当的遗产。

（7）继承人应当本着互谅互让、和睦团结的精神，协商处理继承问题。遗产分割的时间、办法和份额，由继承人协商确定；协商不成的，可以由人民调解委员会调解或者向人民法院提起诉讼。

四、遗嘱继承

（一）遗嘱继承的概念

遗嘱继承是指继承开始后，按照被继承人所订立的合法有效的遗嘱来继承被继承人遗产的继承制度。其中，立遗嘱的被继承人是遗嘱人，依照遗嘱的指定享有继承遗产权利的继承人是遗嘱继承人。《民法典》第一千一百三十三条规定，自然人可以依照本法规定立遗嘱处分个人财产，并可以指定遗嘱执行人。

自然人可以立遗嘱将个人财产指定由法定继承人中的一人或者数人继承。自然人可以立遗嘱将个人财产赠与国家、集体或者法定继承人以外的组织、个人。

自然人可以依法设立遗嘱信托。

共同遗嘱又称合立遗嘱，是指两个或两个以上的遗嘱人共同订立的一份遗嘱。

（二）遗嘱的法定形式

《民法典》规定，遗嘱的法定形式有多种，如公证遗嘱、自书遗嘱、代书遗嘱、打印遗嘱、录音录像遗嘱和口头遗嘱。

五、遗赠扶养协议

遗赠扶养协议是指扶养人与被扶养人之间订立的，由扶养人承担被扶养人的生老病死葬义务，被扶养人将自己的个人财产在其死亡后赠与扶养人的协议。

自然人可以与继承人以外的组织或者个人签订遗赠扶养协议。按照协议，该组织或者个人承担该自然人生养死葬的义务，享有受遗赠的权利。《民法典》第一千一百六十条规定，无人继承又无人受遗赠的遗产，归国家所有，用于公益事业；死者生前是集体所有制组织成员的，归所在集体所有制组织所有。

第四节　义务教育权利

一、义务教育概述

《宪法》规定，适龄儿童和青少年都必须接受义务教育，国家、社会、家庭必须予以保证。义务教育的实质是国家依照法律的规定对适龄儿童和青少年实施的一定年限的强制教育的制度。义务教育具有强制性、公益性、普及性的基本特点。《中华人民共和国义务教育法》（以下简称《义务教育法》）规定的义务教育年限为九年（小学六年，初中三年）。

二、义务教育法律要求

（一）学生

根据《义务教育法》的规定，凡具有中华人民共和国国籍的适龄儿童、少年，不分性别、民族、种族、家庭财产状况、宗教信仰等，依法享有平等接受义务教育的权利，并履行接受教育的义务。

凡年满六周岁的儿童，其父母或者其他法定监护人应当送其入学接受并完成义务教育；条件不具备的地区的儿童，可以推迟到七周岁。

适龄儿童、少年因身体状况需要延缓入学或者休学的，其父母或者其他法定监护人应当提出申请，由当地乡镇人民政府或者县级人民政府教育行政部门批准。

适龄儿童、少年免试入学。地方各级人民政府应当保障适龄儿童、少年在户籍所在地学校就近入学。

父母或者其他法定监护人在非户籍所在地工作或者居住的适龄儿童、少年，在其父母或者其他法定监护人工作或者居住地接受义务教育的，当地人民政府应当为其提供平等接受义务教育的条件。

县级人民政府教育行政部门对本行政区域内的军人子女接受义务教育予以保障。

（二）学校

县级以上地方人民政府根据本行政区域内居住的适龄儿童、

少年的数量和分布状况等因素，按照国家有关规定，制定、调整学校设置规划。新建居民区需要设置学校的，应当与居民区的建设同步进行。

学校建设，应当符合国家规定的办学标准，适应教育教学需要；应当符合国家规定的选址要求和建设标准，确保学生和教职工安全。

县级人民政府根据需要设置寄宿制学校，保障居住分散的适龄儿童、少年入学接受义务教育。

国务院教育行政部门和省、自治区、直辖市人民政府根据需要，在经济发达地区设置接收少数民族适龄儿童、少年的学校（班）。

县级以上地方人民政府根据需要设置相应的实施特殊教育的学校（班），对视力残疾、听力语言残疾和智力残疾的适龄儿童、少年实施义务教育。特殊教育学校（班）应当具备适应残疾儿童、少年学习、康复、生活特点的场所和设施。

普通学校应当接收具有接受普通教育能力的残疾适龄儿童、少年随班就读，并为其学习、康复提供帮助。

（三）教师

教师享有法律规定的权利，履行法律规定的义务，应当为人师表，忠诚于人民的教育事业。全社会应当尊重教师。

教师在教育教学中应当平等对待学生，关注学生的个体差异，因材施教，促进学生的充分发展。教师应当尊重学生的人格，不得歧视学生，不得对学生实施体罚、变相体罚或者其他侮辱人格尊严的行为，不得侵犯学生合法权益。

教师应当取得国家规定的教师资格。国家建立统一的义务教育教师职务制度。教师职务分为初级职务、中级职务和高级职务。

各级人民政府保障教师工资福利和社会保险待遇，改善教师工作和生活条件；完善农村教师工资经费保障机制。教师的平均工资水平应当不低于当地公务员的平均工资水平。特殊教育教师享有特殊岗位补助津贴。在民族地区和边远贫困地区工作的教师享有艰苦贫困地区补助津贴。

第九章　乡村振兴政策

第一节　城乡融合发展

在现代化进程中，如何处理好工农关系、城乡关系，在一定程度上决定着现代化的成败。“十三五”时期，我国城乡融合发展取得重大突破，城乡要素自由流动、平等交换和公共资源合理配置扎实推进，城乡居民收入比由“十二五”末的2.73下降到“十三五”末的2.56。随着我国进入城镇化快速发展的中后期，已具备了工业反哺农业、城市支持农村的发展条件。国务院批复同意的《“十四五”新型城镇化实施方案》就推进城乡融合发展设置专篇，强调要坚持以工补农、以城带乡，以县域为基本单元、以国家城乡融合发展试验区为突破口，逐步健全城乡融合发展体制机制和政策体系，为加快构建“十四五”时期城乡融合发展新格局指明了具体路径。

一、推动先进要素向农村流动

促进各类生产要素在城乡间双向自由流动和平等交换，是打破城乡二元结构的关键。重点要改变资源由农村单向流出的局面，引导先进要素支持农业农村现代化建设。

一是“人”的方面要积极引导城市人才入乡发展。要改善乡村人才待遇，促进职称评定和工资待遇等向乡村教师、医生倾斜，推进城市教文卫体等工作人员定期服务乡村。同时，支持有技能、有管理经验的农民工等人员返乡入乡创业，建立科研人员入乡兼职兼薪和离岗创业制度，允许入乡就业创业人员在原籍地或就业创业地落户并依法享有相关权益等，让人才“入得了乡、留得住根”。

二是“钱”的方面要开拓乡村建设多元化融资渠道。围绕构建财政优先保障、金融重点倾斜、社会积极参与的多元投入格局，从财政保障看，除加大涉农财政支出外，要逐步提高地方土地出让收益用于农业农村比例。从金融支持看，引导金融机构按照市场化原则，在依法合规、风险可控前提下，下沉服务重心、加强信贷支持；同时，扩大农村资产抵押担保融资范围，鼓励有条件的地区结合财力实际设立市场化运作的担保机构。

三是“地”的方面要稳步推进农村土地制度改革。落实第二轮土地承包到期后再延长30年政策，完善农村承包地所有权、承包权、经营权分置制度，进一步放活经营权。稳慎推进农村宅基地制度改革，探索宅基地所有权、资格权、使用权分置有效实现形式，探索农村集体经济组织及其成员采取自营、出租、入股、合作等方式，依法依规盘活闲置宅基地和闲置住宅。建立土地征收公共利益认定机制，缩小土地征收范围。特别强调的是，要坚决守住土地公有制性质不改变、耕地红线不突破、农民利益不受损三条底线，实现好、维护好、发展好农民权益。

二、促进城乡公共资源合理配置

促进城乡公共资源合理配置，是让城乡居民共享现代化建设成果的必然要求。重点是要推动城乡一体规划设计，促进城镇公共服务向乡村覆盖、城镇基础设施向乡村延伸。

一是规划设计方面要实现县乡村功能衔接互补。通盘考虑土地利用、产业发展、居民点建设、人居环境整治、生态保护、防灾减灾和历史文化传承，统筹开展县域城镇和村庄规划建设，全面完成县级国土空间规划编制，结合实际编制乡镇国土空间规划，鼓励有条件的地区编制实用性村庄规划。在这个过程中，必须严格保护农业空间和生态空间，坚决遏制耕地“非农化”、严格管控“非粮化”。针对一些地方在土地综合整治方面出现的偏差，要规范合理推进农用地和建设用地整理，严禁随意撤并村庄搞大社区、违背农民意愿大拆大建。

二是公共服务方面要加强乡村教育、医疗、养老等供给。推进城乡义务教育学校标准化建设，深化义务教育教师“县管校聘”管理改革，促进县域内校长教师交流轮岗。完善县级医院、乡镇卫生院和村卫生室诊疗条件，发展紧密型县域医疗卫生共同体，推行派驻、巡诊、轮岗等方式。健全县乡村衔接的三级养老服务网络，建设村级幸福院和日间照料中心，发展乡村普惠型养老服务和互助性养老。同时，要加强对农村留守儿童、妇女、老年人及困境儿童的关爱服务。

三是基础设施方面要推动城乡统一规划、统一建设、统一管护。推进人口规模较大的自然村（组）通硬化路，促进城乡道路客运一体化。推动供水供气供热管网向城郊乡村和规模较大中心镇延伸，在有条件地区推进城乡供水一体化。发展联结城乡的冷链物流、配送投递和农贸市场网络。建设数字乡村，以需求为导向逐步推进 5G 网络和千兆光网向乡村延伸。推进城镇基础设施建设运营单位开展统一管护，鼓励引入市场化管护企业。

三、促进城乡产业协同发展

近年来，我国居民收入和消费水平不断提高，超大规模市场优势、不断扩大的中等收入群体、日益便捷的城乡联系，为乡村产业提质增效提供了广阔市场。要大力发展县域经济，构建以现代农业为基础、乡村新产业新业态为补充的多元化乡村经济。一是健全现代农业产业体系、生产体系、经营体系。推进粮经饲统筹、农林牧渔协调，发展多种形式适度规模经营，加强绿色食品、有机农产品和地理标志农产品认证管理。二是促进农村一二三产业融合发展。壮大农产品加工业和农业生产性服务业，培育休闲农业、乡村旅游、民宿经济和森林康养等新业态，建立生态产品价值实现机制和优秀农耕文化遗产保护利用机制。三是建设现代农业产业园区。健全智能标准厂房和仓储保鲜等设施，完善检验检测、商贸流通、农村产权交易等平台。

四、使城乡融合发展成果惠及广大农村居民

缩小城乡居民收入差距是实现全体人民共同富裕的内在要求。要以多渠道增加农民收入为关键，通过城乡融合发展带动农村居民的获得感、幸福感、安全感持续提升。一是完善促进农民工资性收入增长环境。健全农民工输出输入地劳务对接机制，加强劳务品牌建设，提高农民进城务工收入。二是健全农民经营性收入增长机制。大规模开展高素质农民培训，建立农产品优质优价正向激励机制，发展农民合作社和家庭农场，引导龙头企业与农民共建农业产业化联合体，让农民分享加工销售环节收益。三是建立农民财产性收入增长机制。深化农村集体产权制度改革，创新农村集体经济运行机制，推动“资源变资产、资金变股金、农民变股东”，增加农民财产性收入。四是强化农民转移性收入保障。结合深化粮食收储制度改革，健全农民直接补贴政策，保障农民种粮收益。

第二节　乡村振兴战略

2018 年 1 月，《中共中央　国务院关于实施乡村振兴战略的意见》，提出实施乡村振兴战略。实施乡村振兴的战略目标任务，即到 2020 年，乡村振兴取得重要进展，制度框架和政策体系基本形成；到 2035 年，乡村振兴取得决定性进展，农业农村现代化基本实现；到 2050 年，乡村全面振兴，农业强、农村美、农民富全面实现。

一、乡村振兴战略的总目标

乡村振兴战略的总目标是农业农村现代化。新时代“三农”工作必须围绕农业农村现代化这个总目标来推进。

（一）实现农业现代化

农业是全面建成小康社会、实现现代化的基础，是稳民心、安天下的战略产业。农业的根本出路在于现代化，农业现代化是我国现代化的基础和支撑，也是我国农业发展的方向。

实现农业现代化，是我国农业发展的重要目标。当前，我国农业主要矛盾已经由总量不足转变为结构性矛盾，主要表现为阶段性、结构性的供过于求和供给不足并存。推动农业现代化，就是要坚持质量兴农、品牌强农，深化农业供给侧结构性改革，推动农业发展质量变革、效率变革、动力变革，加快实现由农业大国向农业强国转变。到 2035 年，农业结构得到根本性改善；到 2050 年，“农业强”目标实现，农业全面升级，成为有奔头的产业。

实现农业现代化，需要加快构建现代农业产业体系、生产体系、经营体系。现代农业产业体系是产业横向拓展和纵向延伸的有机统一，重点解决农业资源要素配置和农产品供给效率问题，是现代农业整体素质和竞争力的显著标志。构建现代农业产业体系，就是通过优化调整农业结构，充分发挥各地资源比较优势，促进粮经饲统筹、农牧渔结合、种养加一体、一二三产业融合发展，延长产业链、提升价值链，提高农业的经济效益、生态效益和社会效益，促进农业产业转型升级。现代农业生产体系是先进生产手段和生产技术的有机结合，重点解决农业的发展动力和生产效率问题，是现代农业生产力发展水平的显著标志。构建现代农业生产体系，就是用现代物质装备武装农业，用现代科学技术服务农业，用现代生产方式改造农业，转变农业要素投入方式，推进农业发展从拼资源、高消耗转到依靠科技创新和提高劳动者素质上来，提高农业资源利用率、土地产出率和劳动生产率，增强农业综合生产能力和抗风险能力，从根本上改变农业发展依靠人力畜力、“靠天吃饭”的局面。现代农业经营体系是现代农业经营主体、组织方式、服务模式的有机组合，重点是解决“谁来种地”和经营效益问题，是现代农业组织化程度的显著标志。构建现代农业经营体系，就是加大体制机制创新力度，培育规模化经营主体和服务主体，加快构建职业农民队伍，形成一支高素质农业生产经营者队伍，促进不同主体之间的联合与合作，发展多种形式的适度规模经营，提高农业经营集约化、组织化、规模化、社会化、产业化水平。

（二）建设现代化农村

农村现代化既包括“物”的现代化，也包括“人”的现代化，还包括乡村治理体系和治理能力的现代化。我们要坚持农业现代化和农村现代化一体设计、一并推进，实现农业大国向农业强国跨越。

农业现代化和农村现代化是一个整体，必须统筹推进农业现代化和农村现代化。农业现代化是农村现代化的基础，为农村现代化提供产业基础和物质保障；农村现代化是农业现代化的依托，是集聚劳动力、土地、资金等实现农业现代化所必需要素的空间载体。仅有农业现代化水平的提升，缺乏农村现代化的支撑，或者农村现代化严重滞后于农业现代化，都容易导致大量农民被迫离开土地和家乡无序涌入城市，乡村和乡村经济走向凋敝，工业化和城镇化走入困境，产生城市贫民窟和两极分化等社会问题，甚至造成社会动荡。

建设现代化农村，就是按照抓重点、补短板、强弱项的要求，推进乡村绿色发展、打造人与自然和谐共生发展新格局，繁荣兴盛农村文化、焕发乡风文明新气象，加强农村基层基础工作、构建乡村治理新体系，提高农村民生保障水平、塑造美丽乡村新风貌，让农村既充满活力又和谐有序，不断满足广大农民群众日益增长的美好生活需要。到 2035 年，城乡基本公共服务均等化基本实现，乡风文明达到新高度，乡村治理体系更加完善，农村生态环境根本好转，美丽宜居乡村基本实现；到 2050 年，“农村美”目标实现，农村全面进步，成为安居乐业的美丽家园。

（三）培育高素质农民

现代农业要有高素质的农民队伍、高素质的农业种养人才和经营管理人才，这是现代农业的前提和基础，也是发展现代农业的关键和要求。随着工业化、城镇化的快速发展，越来越多的农村劳动力特别是青壮年劳动力转移到农业农村以外就业，农村劳动力老龄化、受教育程度低的现象愈发明显。

培育高素质农民，需要以促进现代农业高质量发展为导向，以提升农民理念知识技能需求为核心，以提高培育质量效能为关键，瞄准经营管理型、专业生产型和技能服务型等三大类型，加快形成和完善促进高素质农民全面发展的政策体系，推进农民培训提质增效、促进高素质农民学历提升、拓展高素质农民发展路径，加快培养有文化、懂技术、善经营、会管理的高素质农民，让他们能够获得稳定的、不断增长的收入，得到平等的社会保障，赢得应有的尊严和尊重。到 2035 年，农民就业质量显著提高，相对贫困进一步缓解，共同富裕迈出坚实步伐；到 2050 年，“农民富”目标实现，农民全面发展，成为有吸引力的职业。

二、乡村振兴战略的总方针

乡村振兴战略的总方针是坚持农业农村优先发展。坚持农业农村优先发展，是党中央从解决城乡发展不平衡、乡村发展不充分矛盾出发提出的重大方针，体现了党中央对工农城乡关系深刻变化的科学把握，彰显了农业农村的战略定位。

（一）在干部配备上优先考虑

实施乡村振兴战略，迫切需要造就一支懂农业、爱农村、爱农民的农村工作队伍。党管农村，是做好“三农”工作的重要政治优势。坚持农业农村优先发展，必须全面加强党对“三农”工作的集中统一领导，特别是在干部配备上优先考虑“三农”事业需要。这就要求各级党委和政府主要领导干部要懂“三农”工作、会抓“三农”工作，分管领导要真正成为“三农”工作的行家里手，通过选优配强“三农”干部队伍，造就一支懂农业、爱农村、爱农民的农村工作队伍。打硬仗要有过硬的干部队伍，要优先把优秀干部充实到“三农”战线，优先把精锐力量充实到基层，优先把熟悉“三农”工作的干部充实到地方各级党政班子，建立健全“三农”工作干部队伍培养、配备、管理、使用机制，打造一支能打硬仗、敢打硬仗的“三农”干部队伍。

（二）在要素配置上优先满足

当前，城乡要素合理流动的体制机制尚未完全建立，渠道尚未完全打通，要素不平等交换问题较为突出，农村人才、资金和土地还在大量流入城市，城市虹吸效应进一步扩大，农业农村“失血”“贫血”问题仍很严重。坚持农业农村优先发展，必须强化要素配置制度供给和政策设计，破除阻碍要素自由流动、平等交换的体制机制壁垒，改变资源要素向城市单向流动格局，构建城乡互补、全面融合、共享共赢的互利互惠机制，让土地、人才、资金、技术、科技等各类发展要素更多流向农业农村，释放农村的巨大发展潜力。

现阶段，要引导和支持各类发展要素向农业农村流动。针对农村的地“自己用不上、用不好”的困局，在坚守耕地红线、生态红线的前提下，完善农村土地利用管理政策，盘活存量，用好流量，辅以增量，激活农村土地资源资产，破解乡村发展用地难题。针对当前农村人才匮乏等问题，实行更加积极、更加开放、更加有效的人才政策，推动乡村人才振兴，让各类人才在乡村大施所能、大展才华、大显身手。针对农业科技创新能力不强、创新机制不完善的问题，加快农业科技进步，提高农业科技自主创新水平、成果转化水平，为农业发展拓展新空间、增添新动能。改革是发展的不竭动力，实践证明，深化农村改革是激发农业农村发展活力的重要推动力。

(三) 在资金投入上优先保障

乡村振兴是党和国家的大战略，要加大真金白银的投入。将优先发展真正落到实处，补上我国农业农村发展多年的欠账，急需强化乡村振兴投入保障。

在财政投入方面，建立健全实施乡村振兴战略财政投入保障制度，公共财政更大力度向“三农”倾斜，确保财政投入持续增长。在拓宽资金筹集渠道方面，调整完善土地出让收入使用范围，进一步提高农业农村投入比例。在提高金融服务水平方面，坚持农村金融改革发展的正确方向，健全适合农业农村特点的农村金融体系，推动农村金融机构回归本源，把更多金融资源配置到农村经济社会发展的重点领域和薄弱环节，更好满足乡村振兴多样化金融需求。

（四）在公共服务上优先安排

城乡差距大，主要表现在城乡基础设施建设和公共服务水平存在较大差距。这既是农业农村发展必须优先补齐的突出短板，也是农村民生的主要痛点，直接影响广大农民群众的获得感、幸福感、安全感。

坚持农业农村优先发展，就是把公共基础设施建设的重点放在农村，推动公共服务资源更多向农村倾斜，持续改善水、电、路、气、网络、物流等基础条件，逐步实现城乡基础设施共建共享、互联互通，全面提升农村教育、医疗卫生、养老社保、文化体育等公共服务水平，努力推进城乡基本公共服务标准统一、制度并轨，实现形式上的普惠向实质上的公平转变，让农民在农村享受到优质的公共服务资源，过上与城里人一样的日子。

三、乡村振兴战略的总要求

乡村振兴战略的总要求是以产业兴旺为重点、生态宜居为关键、乡风文明为保障、治理有效为基础、生活富裕为根本。

（一）以产业兴旺为重点

产业兴旺是乡村振兴的重点。新时代推动农业农村发展核心是实现农村产业发展。农村产业发展是农村实现可持续发展的内在要求。从中国农村产业发展历程来看，过去一段时期内主要强调生产发展，而且主要是强调农业生产发展，其主要目标是解决农民的温饱问题，进而推动农民生活向小康迈进。从生产发展到产业兴旺，这一提法的转变，意味着新时代党的农业农村政策体系更加聚焦和务实，主要目标是实现农业农村现代化。产业兴旺要求从过去单纯追求产量向追求质量转变、从粗放型经营向精细型经营转变、从不可持续发展向可持续发展转变、从低端供给向高端供给转变。城乡融合发展的关键步骤是农村产业融合发展。产业兴旺不仅要实现农业发展，还要丰富农村发展业态，促进农村一二三产业融合发展，更加突出以推进供给侧结构性改革为主线，提升供给质量和效益，推动农业农村发展提质增效，更好地实现农业增产、农村增值、农民增收，打破农村与城市之间的壁垒。农民生活富裕的前提是产业兴旺，而生活富裕、产业兴旺又是乡风文明和有效治理的基础，只有产业兴旺、生活富裕、乡风文明、治理有效有机统一起来才能真正提高生态宜居水平。党的十九大将产业兴旺作为实施乡村振兴战略的第一要求。党的二十大报告指出，发展乡村特色产业，拓宽农民增收致富渠道。这都充分说明了农村产业发展的重要性。当前，我国农村产业发展还面临区域特色和整体优势不足、产业布局缺少整体规划、产业结构较为单一、产业市场竞争力不强、效益增长空间较为狭小与发展的稳定性较差等问题，实施乡村振兴战略必须要紧紧抓住产业兴旺这个核心，作为优先方向和实践突破点，真正打通农村产业发展的“最后一公里”，为农业农村实现现代化奠定坚实的物质基础。

（二）以生态宜居为关键

生态宜居是乡村振兴的关键。党的二十大报告指出，统筹乡村基础设施和公共服务布局，建设宜居宜业和美乡村。乡村振兴战略提出要建设生态宜居的美丽乡村，突出了新时代重视生态文明建设与人民日益增长的美好生活需要的内在联系。乡村生态宜居不再是简单强调单一化生产场域内的“村容整洁”，而是对以“生产、生活、生态”为一体的内生性低碳经济发展方式的乡村探索。生态宜居的内核是倡导绿色发展，是以低碳、可持续为核心，是对以“生产场域、生活家园、生态环境”为一体的复合型“村镇化”道路的实践打造和路径示范。绿水青山就是金山银山。乡村产业兴旺本身就蕴含着生态底色，通过建设生态宜居家园实现物质财富创造与生态文明建设互融互通，走出一条中国特色的乡村绿色可持续发展道路，在此基础上真正实现更高品质的生活富裕。同时，生态文明也是乡风文明的重要组成部分，乡风文明内涵则是对生态文明建设的基本要求。此外，实现乡村生态的良好治理是实现乡村有效治理的重要内容，治理有效必然包含着有效的乡村生态治理体制机制。从这个意义而言，打造生态宜居的美丽乡村必须要把乡村生态文明建设作为关键性工程扎实推进，让美丽乡村看得见未来，留得住乡愁。

（三）以乡风文明为保障

乡风文明是乡村振兴的保障。文明中国根在文明乡风，文明中国要靠乡风文明。乡村振兴想要实现新发展，彰显新气象，传承和培育文明乡风是关键。乡土社会是中华优秀传统文化的主要阵地，传承和弘扬中华优秀传统文化必须要注重培育和传承文明乡风。乡风文明是乡村文化建设和乡村精神文明建设的基本目标，培育文明乡风是乡村文化建设和乡村精神文明建设的主要内容。乡风文明的基础是重视家庭建设、家庭教育和家风家训培育。家庭和睦则社会安定，家庭幸福则社会祥和，家庭文明则社会文明；良好的家庭教育能够授知识、育品德，提高精神境界、培育文明风尚；优良的家风家训能够弘扬真善美、抑制假恶丑，营造崇德向善、见贤思齐的社会氛围。积极倡导和践行文明乡风能够有效净化和涵养社会风气，培育乡村德治土壤，推动乡村有效治理；能够推动乡村生态文明建设，建设生态宜居家园；能够凝人心、聚人气，营造干事创业的社会氛围，助力乡村产业发展；能够丰富农民群众文化生活，汇聚精神财富，实现精神生活上的富裕。实现乡风文明要大力实施农村优秀传统文化保护工程，深入研究阐释农村优秀传统文化的历史渊源、发展脉络、基本走向；要健全和完善家教家风家训建设工作机制，挖掘民间蕴藏的丰富家风家训资源，让好家风好家训内化为农民群众的行动遵循；要建立传承弘扬优良家风家训的长效机制，积极推动家风家训进校园、进课堂活动，编写优良家风家训通识读本，积极创作反映优良家风家训的优秀文艺作品，真正把文明乡风建设落到实处，落到细处。

（四）以治理有效为基础

治理有效是乡村振兴的基础。实现乡村有效治理是推动农村稳定发展的基础。乡村治理有效才能真正为产业兴旺、生态宜居、乡风文明和生活富裕提供秩序支持，乡村振兴才能有序推进。新时代乡村治理的明显特征是强调国家与社会之间的有效整合，盘活乡村治理的存量资源，用好乡村治理的增量资源，以有效性作为乡村治理的基本价值导向，平衡村民自治实施以来乡村社会面临的冲突和分化。也就是说，围绕实现治理有效这个最大目标，乡村治理技术手段可以更加多元、开放和包容。只要有益于推动实现乡村治理有效的资源都可以充分地整合利用，而不再简单强调乡村治理技术手段问题，而忽视对治理绩效的追求和乡村社会的秩序均衡。党的十九大报告提出，要健全自治、法治、德治相结合的乡村治理体系。这不仅是实现乡村治理有效的内在要求，也是实施乡村振兴战略的重要组成部分。这充分体现了乡村治理过程中国家与社会之间的有效整合，既要盘活村民自治实施以来乡村积淀的现代治理资源，又要毫不动摇地坚持依法治村的底线思维，还要用好乡村社会历久不衰、传承至今的治理密钥，推动形成相辅相成、互为补充、多元并蓄的乡村治理格局。

从民主管理到治理有效，这一定位的转变，既是国家治理体系和治理能力现代化的客观要求，也是实施乡村振兴战略，推动农业农村现代化进程的内在要求。而乡村治理有效的关键是健全和完善自治、法治、德治的耦合机制，让乡村自治、法治与德治深度融合、高效契合。例如，积极探索和创新乡村社会制度内嵌机制，将村民自治制度、国家法律法规内嵌入村规民约、乡风民俗中去，通过乡村自治、法治和德治的有效耦合，推动乡村社会实现有效治理。

（五）以生活富裕为根本

生活富裕是乡村振兴的根本。生活富裕的本质要求是共同富裕。改革开放 40 多年来，经过全党全国各族人民持续奋斗，我们实现了第一个百年奋斗目标，在中华大地上全面建成了小康社会，历史性地解决了绝对贫困问题。尽管农村经济社会发生了历史性巨变，农民的温饱问题得到解决，但是，广大农村地区发展不平衡、不充分的问题也日益凸显，积极回应农民对美好生活的诉求必须要直面和解决这一问题。生活富裕不富裕，对于农民而言有着切身感受。长期以来，农村地区发展不平衡、不充分的问题无形之中让农民感受到了一种“被剥夺感”，农民的获得感和幸福感也随之呈现出“边际现象”，也就是说，简单地靠存量增长已经不能有效提升农民的获得感和幸福感。生活富裕相较于生活宽裕而言，虽只有一字之差，但其内涵和要求却发生了非常大的变化。生活宽裕的目标指向主要是解决农民的温饱问题，进而使农民的生活水平基本达到小康，而实现农民生活宽裕主要依靠的是农村存量发展。生活富裕的目标指向则是农民的现代化问题，是要切实提高农民的获得感和幸福感，消除农民的“被剥夺感”，而这也使得生活富裕具有共同富裕的内在特征。靠农村存量发展实现农民生活富裕已不具有可能性。有效激活农村增量发展空间是实现农民生活富裕的关键。而乡村振兴战略提出的产业兴旺则为农村增量发展提供了方向。

第三节　乡村振兴促进法

2021 年 4 月 29 日,《中华人民共和国乡村振兴促进法》(以下简称《乡村振兴促进法》)由中华人民共和国第十三届全国人民代表大会常务委员会第二十八次会议通过，公布后自 2021 年 6 月 1 日起施行，该法共 10 章 74 条。这是我国第一部直接以“乡村振兴”命名的法律，也是一部全面指导和促进乡村振兴的法律。

一、《乡村振兴促进法》颁布的重要意义

《乡村振兴促进法》所称乡村，是指城市建成区以外具有自然、社会、经济特征和生产、生活、生态、文化等多重功能的地域综合体，包括乡镇和村庄等。这是我国第一次在法律中规定乡村的概念。实施乡村振兴战略，是新时代做好“三农”工作的总抓手。制定《乡村振兴促进法》，是贯彻落实党中央决策部署，保障乡村振兴战略全面实施的重要举措；是立足新发展阶段，推动实现“两个一百年”奋斗目标的重要支撑；是充分总结“三农”法治实践，完善和发展中国特色社会主义法律体系的重要成果。制定出台《乡村振兴促进法》，为全面实施乡村振兴战略提供有力法治保障，对促进农业全面升级、农村全面进步、农民全面发展，全面建设社会主义现代化国家，实现中华民族伟大复兴中国梦，具有重要意义。

二、《乡村振兴促进法》的主要特色

（一）坚持走中国特色社会主义乡村振兴道路

将坚持中国共产党的领导，贯彻创新、协调、绿色、开放、共享的新发展理念，走中国特色社会主义乡村振兴道路，促进共同富裕作为全面实施乡村振兴战略的指导思想。

（二）坚持乡村全面振兴

统筹推进农村经济建设、政治建设、文化建设、社会建设、生态文明建设和党的建设，整体部署促进乡村产业振兴、人才振兴、文化振兴、生态振兴、组织振兴的制度举措。坚持农业农村优先发展。按照干部配备优先考虑、要素配置优先满足、资金投入优先保障、公共服务优先安排的要求，建立健全实施乡村振兴战略的组织保障、资金投入、政策支持等制度政策体系。

（三）坚持农民主体地位

将维护农民主体地位、尊重农民意愿、保障农民合法权益摆在突出位置、贯穿法律始终，真正使农民成为乡村振兴的参与者、支持者和受益者。坚持城乡融合发展。顺应农业农村发展要求和城乡关系变化趋势，协同推进乡村振兴战略和新型城镇化战略的实施，促进城乡要素有序流动、平等交换和公共资源均衡配置，坚持以工补农、以城带乡，推动形成工农互促、城乡互补、协调发展、共同繁荣的新型工农城乡关系。

三、《乡村振兴促进法》对全面推进乡村振兴的规定

乡村建设行动既是实施乡村振兴战略的重要任务，也是国家现代化建设的重要内容。《乡村振兴促进法》主要从 4 个方面作出规定。

（一）规划引领

坚持因地制宜、规划先行、循序渐进，顺应村庄发展规律，根据乡村的历史文化、发展现状、区位条件、资源禀赋、产业基础分类推进。县级人民政府和乡镇人民政府应当优化本行政区域内乡村发展布局，按照尊重农民意愿、方便群众生产生活、保持乡村功能和特色的原则，因地制宜安排村庄布局，依法编制村庄规划，分类有序推进村庄建设，严格规范村庄撤并，严禁违背农民意愿、违反法定程序撤并村庄。

（二）建强硬件

县级以上地方人民政府应当统筹规划、建设、管护城乡道路以及垃圾污水处理、供水供电供气、物流、客运、信息通信、广播电视、消防、防灾减灾等公共基础设施和新型基础设施，推动城乡基础设施互联互通，保障乡村发展能源需求，保障农村饮用水安全，满足农民生产生活需要。各级人民政府应当建立政府、村级组织、企业、农民等各方面参与的共建共管共享机制，综合整治农村水系，因地制宜推广卫生厕所和简便易行的垃圾分类，治理农村垃圾和污水，加强乡村无障碍设施建设，鼓励和支持使用清洁能源、可再生能源，持续改善农村人居环境。

（三）抓好软件

国家要发展农村社会事业，促进公共教育、医疗卫生、社会保障等资源向农村倾斜，提升乡村基本公共服务水平，推进城乡基本公共服务均等化；完善乡村便民服务体系，提升乡村公共服务数字化智能化水平，支持完善村级综合服务设施和综合信息平台，培育服务机构和服务类社会组织，完善服务运行机制，促进公共服务与自我服务有效衔接，增强生产生活服务功能；完善城乡统筹的社会保障制度，建立健全保障机制，支持乡村提高社会保障管理服务水平；推进城乡最低生活保障制度统筹发展，提高农村特困人员供养等社会救助水平，加强对农村留守儿童、妇女和老年人以及残疾人、困境儿童的关爱服务，支持发展农村普惠型养老服务和互助性养老。

（四）保护传统村落

县级以上地方人民政府应当加强对历史文化名镇名村、传统村落和乡村风貌、少数民族特色村寨的保护，开展保护状况监测和评估，采取措施防御和减轻火灾、洪水、地震等灾害。

四、《乡村振兴促进法》落实措施

《乡村振兴促进法》是全面推进乡村振兴的法律保障。农业农村部将依照法律规定的职能职责，结合制定农业农村发展“十四五”规划，加强政策顶层设计，建立健全配套制度，细化实化各项任务。

《乡村振兴促进法》还以法律的形式确定每年农历秋分日为中国农民丰收节。因此，要以法律公布实施为契机，通过中国农民丰收节系列活动，加大宣传力度，在全社会营造依法推进乡村全面振兴的良好氛围。

此外，各级政府应当将乡村振兴促进工作纳入国民经济和社会发展规划，并建立乡村振兴考核评价制度、工作年度报告制度和监督检查制度，推动建立客观反映乡村振兴进展的指标和统计体系，层层压实责任，级级传导压力。

参考文献

白雪秋，聂志红，黄俊立，2018. 乡村振兴与中国特色城乡融合发展［M］. 北京：国家行政学院出版社.

顾相伟，2016. 农村政策与法规新编教程［M］. 上海：复旦大学出版社.

韩一军，赵霞，2021. 乡村振兴政策与实践［M］. 北京：中国农业出版社.

七五普法图书中心，2015. 农村法律知识学习问答［M］. 北京：中国法制出版社.

中国法制出版社，2020. 中华人民共和国农业法律法规全书［M］. 北京：中国法制出版社.

朱利群，2018. 农业政策与法规［M］. 北京：中国农业出版社.